新概念阅读书坊

# DIQIUZHI ZUI DATANXUN

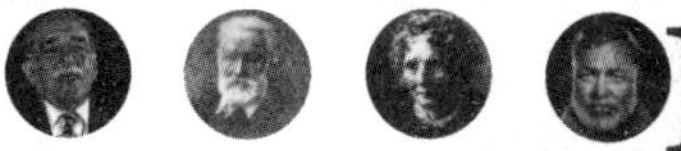

地球之最

# 大探寻

主编◎崔钟雷

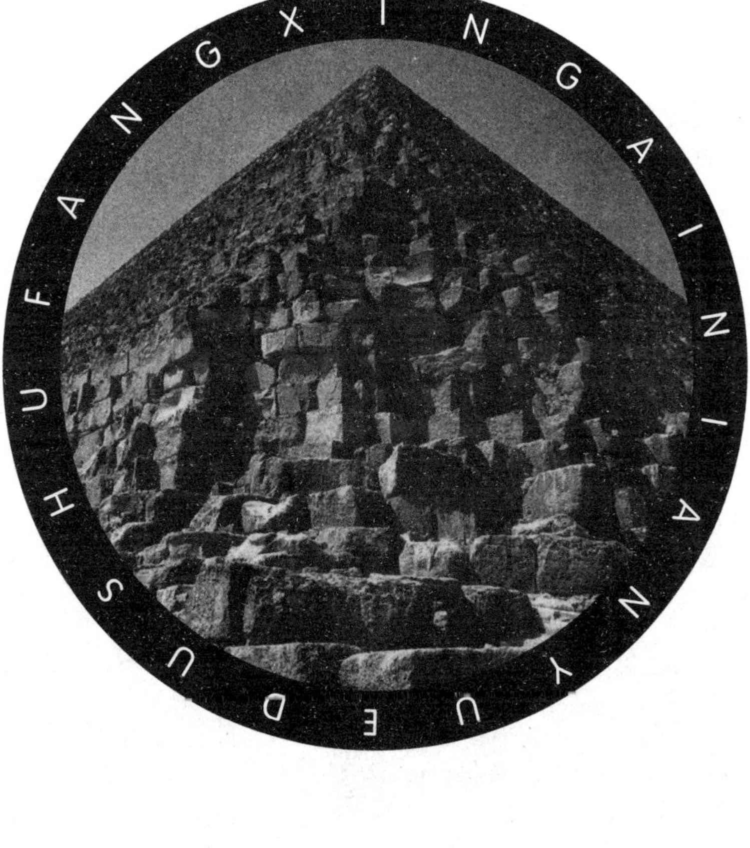


JM 吉林美术出版社

图书在版编目（CIP）数据

地球之最大探寻/崔钟雷主编.—长春：吉林美术出版社，2011.2（2023.6重印）
（新概念阅读书坊）
ISBN 978-7-5386-5229-1

Ⅰ.①地… Ⅱ.①崔… Ⅲ.①科学知识-青少年读物 Ⅳ.①Z228.2

中国版本图书馆 CIP 数据核字（2011）第 015266 号

## 地球之最大探寻
DIQIU ZHI ZUI DA TANXUN

| 出版人 | 华 鹏 |
|---|---|
| 策 划 | 钟 雷 |
| 主 编 | 崔钟雷 |
| 副主编 | 刘志远 于 佳 杨 楠 |
| 责任编辑 | 栾 云 |
| 开 本 | 700mm×1000mm 1/16 |
| 印 张 | 10 |
| 字 数 | 120 千字 |
| 版 次 | 2011 年 2 月第 1 版 |
| 印 次 | 2023 年 6 月第 4 次印刷 |
| 出版发行 | 吉林美术出版社 |
| 地 址 | 长春市净月开发区福祉大路 5788 号 邮编：130118 |
| 网 址 | www.jlmspress.com |
| 印 刷 | 北京一鑫印务有限责任公司 |
| 书 号 | ISBN 978-7-5386-5229-1 |
| 定 价 | 39.80 元 |

版权所有 侵权必究

# 前 言

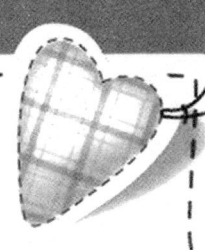

　　书，是那寒冷冬日里一缕温暖的阳光；书，是那炎热夏日里一缕凉爽的清风；书，又是那醇美的香茗，令人回味无穷；书，还是那神圣的阶梯，引领人们不断攀登知识之巅；读一本好书，犹如畅饮琼浆玉露，沁人心脾；又如倾听天籁，余音绕梁。

　　从生机盎然的动植物王国到浩瀚广阔的宇宙空间；从人类古文明的起源探究到21世纪科技腾飞的信息化时代，人类五千年的发展历程积淀了宝贵的文化精粹。青少年是祖国的未来与希望，也是最需要接受全面的知识培养和熏陶的群体。"新概念阅读书坊"系列丛书本着这样的理念带领你一步步踏上那求知的阶梯，打开知识宝库的大门，去领略那五彩缤纷、气象万千的知识世界。

　　本丛书吸收了前人的成果，集百家之长于一身，是真正针对中国少年儿童的阅读习惯和认知规律而编著的科普类书籍。全面的内容、科学的体例、精美的制作，上千幅精美的图片为中国少年儿童打造出一所没有围墙的校园。

编　者

# 目录

## 动物之最

最大的史前动物——恐龙/ 2
与人类最"亲"的动物——
　黑猩猩/ 3
最聪明的动物——海豚/ 3
最长寿的动物——海龟/ 4
北极圈之王——北极熊/ 4
最善潜水的极地动物——
　海豹/ 5
再生能力最强的环节动物——
　蚯蚓/ 6

最会变色的蜥蜴——避役/ 6
最大的爬行动物——咸水鳄/ 7
最快的爬行动物——黑毒蛇/ 7
脚最多的动物——千足虫/ 7
最原始的哺乳动物——
　鸭嘴兽/ 8
最大的哺乳动物——蓝鲸/ 9
最小的狗——约克种狗/ 9
嘴巴最大的陆生动物——
　河马/ 10
跑得最快的动物——猎豹/ 10
长跑最快的动物——叉角羚/ 11
舌头最长的动物——食蚁兽/ 11
繁殖能力最强的哺乳动物——
　旅鼠/ 12

最会造房子的动物——白蚁/ 12

最喜欢吃盐的动物——豪猪/ 13

最爱干净的动物——浣熊/ 13

最珍稀的骆驼——
　亚美利加驼/ 14

陆地上最大的动物——大象/ 15

最大的虎——东北虎/ 15

眼睛最大的猴——眼镜猴/ 16

最大的有袋动物——大袋鼠/ 17

传说中最美丽的海洋生物——
　儒艮/ 17

最低等的多细胞动物——
　海绵/ 18

游得最快的鱼——旗鱼/ 18

产卵最多的鱼——翻车鱼/ 19

潜得最深的动物——抹香鲸/ 20

飞得最远的鱼——飞鱼/ 21

放电能力最强的鱼——电鳗/ 21

毒液最毒的动物——海蛇/ 22

飞得最高的鸟——天鹅/ 23

最善远翔的飞鸟——黑背鸥/ 24

产卵最大的鸟——几维鸟/ 24

最大的鸟——鸵鸟/ 25

最凶猛的鸟——秃鹰/ 25

翅膀最多的鸟——四翼鸟/ 26

最耐寒的海鸟——企鹅/ 27

繁殖最快的昆虫——蚜虫/ 27

# 植物之最

栽培最广泛的竹子——慈竹/ 30
最早出现的绿色植物/ 30
最长的植物——白藤/ 31
最顽强的植物——地衣/ 31
感觉最灵敏的植物——
　毛毡苔/ 32
最奇妙的吃虫植物/ 33
最凶猛的植物——莫柏/ 34
分布最北的植物/ 34
含蛋白质最多的植物/ 35
最大的草本植物——旅人蕉/ 36
向上生长最快的木本植物——
　毛竹/ 37
吸水能力最强的植物——
　泥炭藓/ 37
最会"闻乐起舞"的植物/ 38

最耐干旱的种子植物/ 39
最大的蔷薇/ 40
花期最长和最短的花/ 40
最大最臭的花——大花草/ 41
最长的叶子——
　亚马孙棕榈叶/ 42
最大的叶子——玉莲叶/ 43
最甜的叶子——甜叶菊叶/ 43
寿命最长的叶子——
　百岁兰叶/ 44
最大的荚果——榼藤子/ 44
最有力气的果实——喷瓜/ 45
最大的水果——木菠萝/ 46
含热量最高的水果——鳄梨/ 46
含热量最低的食品——黄瓜/ 47
最大的洋葱/ 48
最小的种子——斑叶兰/ 48

## 天文地理之最

最厉害的宇宙爆炸／50

太阳系中最美丽的行星／51

最早的天文学著作／52

最早的日食记录／52

最早的太阳黑子记录／53

最早发明望远镜的人／53

世界第一高峰／54

大陆上最低的地方——死海／55

最大的沙漠／56

最高、最年轻的高原／56

最大的高原——巴西高原／57

最大的盆地——刚果盆地／57

最低的盆地——吐鲁番盆地／58

最大的岛屿——格陵兰岛／59

最大的群岛——马来群岛／60

最大的珊瑚礁区——大堡礁／60

最美丽的火山——富士山／61

最长的山系——
科迪勒拉山系／62

最大的洋——太平洋／62

最大的海湾——孟加拉湾／63

最大的湖泊——里海／64

最深的湖——贝加尔湖／64

## 科学技术之最

最早的电子管／66

最早的温度计／66

最早的显微镜／67

最早的无线电通信机／67

最早发明元素周期表的人／68

发现化学元素最多的化学家／68

最硬的物质——金刚石／69

地壳中含量最多的元素——
　氧／70

地壳中含量最多的金属元素／71

世界公布的首例艾滋病／71

最早的叩诊／72

最早的听诊器／72

最早的麻醉剂——麻沸散／73

最早发现病菌的人／73

第一个发现癌病毒的人／74

最早进行心脏移植手术的
　医生／75

最早做角膜移植手术的人／75

最早的试管婴儿——露易丝／76

最早的克隆羊——多莉／77

最早的记数方法——
　结绳计数／77

最早的计算器——算盘／77

最先创立微积分的人／78

最早的女数学家——
　海帕西娅／79

最早测算地球周长的人／79

最早的电视——贝尔德电视／80

最早的软盘／81

最早的滑翔机／81

最早的动力飞机／81

最早的超音速飞行／82

首次绕极地飞行的人／83

最早发射成功的载人飞船／83

最早飞上太空的宇航员／83

最早的女宇航员／84

最早在太空漫步的人／85

最先登月的人／86

第一艘空间渡船／87

最早的国际空间站——
　"礼炮1号"／88

# 人文社会之最

最早的邮票——黑便士邮票/ 90
最大的油库——波斯湾/ 90
最大的金库/ 91
最早的中央银行——
　阿尔托银行/ 92
最早的股票交易所/ 92
产锑最多的国家——中国/ 93
产石棉最多的国家——
　加拿大/ 94
最古老的法典/ 94
最早的一部成文宪法/ 95
世界上第一位女总理/ 95
最畅销的书——《圣经》/ 97
影响最大的现代百科全书/ 98
最早的推理小说家/ 99
最大的油画——《天堂》/ 99
古代规模最大的风俗画/ 100
现存最大的金属雕像/ 101
最古老的大型雕像/ 101
最早的大型石刻佛像/ 102
佛像最多的地方/ 103
最早的动画电影/ 104
跨度最大的拱桥——
　卢浦大桥/ 105
最大的宫殿——故宫/ 105
最大的金字塔/ 106

保存最完整的古罗马建筑/ 107
第一座钢铁结构的高塔/ 107
最大的图书馆/ 108
最大的礼堂——人民大会堂/ 109
制造车辆最早的国家/ 110
最早的摩托车发明者/ 111
最早火车的发明者/ 112
最早的地铁——伦敦铁道/ 113
海拔最高的铁路——
　青藏铁路/ 113
拥有最短铁路的国家——
　梵蒂冈/ 114
最长的海底铁路隧道——
　青函隧道/ 114
最早的国际航线/ 115
最大的火车站/ 116
古代世界上最大的港口/ 116
最大的浮动码头/ 117
最早的人工深水航道/ 118
最长的人工运河/ 119

最大的水闸式运河——
　　巴拿马运河/ 119
最早酿酒的国家——中国/ 120
最大的地毯——黄金时代/ 121
最早的圆珠笔发明者/ 122
拥有最古老的钟的国家/ 122
最早的报纸——邸报/ 123
最早刊登天气预报的报纸/ 124
最早发明电灯的人/ 124
最早的自动取款机/ 125
最北的共和国——芬兰/ 126
最南的城市——乌斯怀亚/ 127

最小的国家——梵蒂冈/ 127
平均海拔最高的国家——
　　莱索托/ 128
地势最低的国家——荷兰/ 129
高峰最多的国家——尼泊尔/ 130
最小的岛国——瑙鲁/ 130
桥梁最多的城市——威尼斯/ 131
地铁最长的国家——英国/ 132
花卉种类最多的国家——
　　中国/ 133
天下第一行书/ 133
最古老的国歌/ 135
最著名的音乐城市/ 136
发行量最大的新闻周刊/ 138
世界上最早的通讯社/ 140
最早的农田灌溉系统/ 142
世界上最大的青铜器/ 143
世界上最大的艺术宫/ 144
世界上最早的传记文学/ 146

# DIQIUZHI ZUI DA TANXUN

## XINGAINIANYUEDUSHUFANG

# 动物之最

DONGWU ZHI ZUI

## 最大的史前动物——恐龙

在遥远的中生代,地球被恐龙统治着。在那个时代,地上、水里、空中,到处都有恐龙的身影。陆地上跑着雷龙、剑龙、暴龙等;水中游着长颈龙、鱼龙等;天上飞着翼龙、嘴口龙等。恐龙根据习性的不同又可以分为食草恐龙和食肉恐龙。一般来说食草恐龙的体形比较大:如雷龙,体重最多可达5万千克,它有着树干一样粗壮的腿,脖子直起来有7层楼房那么高;再如震龙,已知的最大的震龙身长有52米,身高可以达到18米,体重13万千克左右,震龙行走时,地面会像地震一样颤抖。食草恐龙虽然体积很庞大,性情却比较温和,以森林中的植物为食;食肉恐龙虽然体积比较小,但是非常凶猛,比如霸王龙就可以杀死比自己体积庞大得多的食草恐龙。

恐龙最早出现在约2.4亿年前的三叠纪,最终灭绝于6300万年前的新生代第三纪古新世。早在发现禽龙之前,欧洲人就已经知道地下埋藏着拥有巨大骨骼的动物化石。

恐龙支配全球陆地生态系统约超过1.6亿年之久。

## 与人类最"亲"的动物——黑猩猩

与人类最具亲缘关系的动物当数黑猩猩,它们和人类有着共同的祖先,它们和人类有近99%的基因是完全相同的。黑猩猩主要生活在非洲撒哈拉沙漠以南、刚果河以北的热带雨林和草原的边缘地区,它们以植物的果实、鲜叶和嫩芽为食,也吃昆虫和小动物。黑猩猩动作十分敏捷,善于爬树和行走,其寿命一般为35~40年。黑猩猩性情温顺,喜欢群居,但组成的群体不是固定的,可以来去自由。黑猩猩能用许多不同的声音,各种各样的姿势和手势来表达它们复杂的思想感情,它们表情丰富,有很多表情与人极像。

黑猩猩聪明伶俐,生性好奇,会使用简单的工具,能进行简单加工。经过训练,黑猩猩可以学会一些符号语言和手势,还可以表演比较复杂的技艺,像扫地、骑自行车等,对工具和机械的操作也有很强的领悟力。据测定,黑猩猩的智力水平相当于两三岁的小孩儿。

## 最聪明的动物——海豚

世界上最聪明的动物是海豚,它比人类的近亲黑猩猩还要聪明。黑猩猩要经过几百次训练才能学会的动作,海豚只要经过二十几次的训练就能学会。海豚和黑猩猩同时学会一种游戏之后,中断十几个月的排练,黑猩猩就不会重复这种游戏了,海豚却仍然记得。经研究发现,海豚的大脑占身体重量的比重仅次于人,并且脑子上有很多较深的沟回,

海豚是由陆生哺乳类演化而来的,其适应能力及学习能力都很强。经解剖研究,海豚的大脑十分发达,一条成年海豚的平均脑重约为1700克左右。

脑的面积很大，脑细胞发达。海豚能很容易学会各种高难度动作，如打乒乓球、钻火圈、拖小船以及开电源开关等，是非常著名的"杂技演员"。海豚能够发出超声波，然后根据声波的反射确定周围物体的位置，不仅能迅速发现目标，而且可以把两个非常相似的物体区分开。海豚性情温顺，喜欢接近人类，是人类的好朋友，在生活中曾发生过很多海豚救人的故事。

## 最长寿的动物——海龟

世界上寿命最长的动物是海龟。据《世界吉尼斯纪录大全》记载，寿命最长的海龟活了152年，不过据说最长寿的海龟可以活到三百多岁。海龟长得大而笨重，脑袋很小，脚很短，腹部和背部都有坚韧的龟甲保护，遇到危险，它就把头和脚缩进壳里，这样一般的动物就拿它没有办法了。海龟食量很大，行动缓慢，据说它可以整整6年不吃东西。这些都是海龟的长寿秘诀。海龟的年龄可以用龟甲上的同心环纹来计算，像树的年轮一样，每一圈代表1岁。有些同心环纹模糊不清的海龟或年老的海龟，只能大概估计它们的年龄。海龟属于爬行动物，具有洄游习性，它在食物丰富的海域生长，然后返回出生时的沙滩上产卵。2亿多年前海龟就出现在地球上了，从中生代直到现在，海龟和2亿多年前的原始体形基本相同，是著名的"活化石"。

## 北极圈之王——北极熊

北极一年有一半的时间见不到太阳，是地球上最寒冷的地区，外表温驯、性情凶狠的北极熊就生活在这里。北极熊寿命一般是三十多年，体长约3～5米，它是熊类中体形最大的动物，体重在150～500千克，最大的甚至可以达到700千克。与它们庞大的

身体不相称的是,北极熊的耳朵和尾巴都极小,这是为了减少身体的表面积,维持体温。北极熊全身长了一层浓密雪白的皮毛,同北极的冰雪融为一体,因而它们在捕食的时候不易被猎物发现。北极熊厚厚的皮毛使它们能够抵御北极的严寒,它们的毛其实是透明的,由于反射太阳光,所以看起来是白色的,这种皮毛有助于吸收太阳光的能量进而转化为维持北极熊体温的能量。除了鲸鱼和人类,北极熊几乎没有天敌,因而它被称为"北极圈之王"。

北极熊的食量很大,为了四处觅食总是要走很远的路。它们每天都在寻找食物,为了捕食海豹,北极熊经常会守在一个冰洞边等上好几个小时。因为冬天海面被冰封后,海豹只能依靠冰上的通气孔来呼吸,只要海豹从冰洞中一探出头,北极熊便会迅速地用前肢一掌将其头骨打碎,然后将海豹拖出水面,这样,海豹就成了北极熊口中的美味佳肴了。

##  最善潜水的极地动物——海豹

海豹生活在北极和南极地区寒冷的海滨和巨大的浮冰上。海豹善于游泳和潜水,但它们并非是完全的水中动物,因为它们在必要的时候会返回陆地产下它们的幼崽。上岸后的海豹不能行走,只能在海岸上爬行。它们凭借巨大的鼻孔,能够在水面上进行快速呼吸,吸取大量氧气,这就使得它们在水下猎食或者逃避捕猎者时,可以长时间不露出水面换气。

## 再生能力最强的环节动物——蚯蚓

蚯蚓的身体一般呈褐色。圆柱形的身体由许多环节组成，头尾比较尖，除前两节外，其余体节上都长着刚毛。蚯蚓是耕耘土壤的"功臣"，它们凭借刚毛支撑身体伸缩运动，在土里钻来钻去，使土壤变得疏松，从而促进农作物的生长。蚯蚓喜欢温暖、湿润、阴暗、安静的环境。蚯蚓白天一般在潮湿、通气性能良好的土壤中栖息生存，用皮肤吸收水中溶解的氧气，夜晚出来活动觅食，在白天的雨后也常常能看到它们钻出地面来透气。蚯蚓吃腐烂的落叶、枯草、禽畜粪、人类生活垃圾等许多有机物质，因而具有处理有机废物、净化环境的作用。蚯蚓被切断后可以再生，甚至还能互相移植，这也是它们最神奇的生命现象，表现了蚯蚓极强的生命力。

## 最会变色的蜥蜴——避役

避役的四肢较长，善握树枝，它们常常栖息在树上。

避役俗称变色龙，主要生活在非洲，特别是马达加斯加岛，亚洲和欧洲南部也有分布，多出现在热带雨林和大草原，山区也有。作为一种爬行动物，避役体长一般17～25厘米，身体扁平，尾巴常蜷曲着，眼睛凸出，可以自由转动，能看到不同方向的目标，舌头很长有黏性，能伸出口外粘住飞虫。避役喜欢栖息在树上，用脚趾紧紧地抓住树干，尾巴可以缠绕。它们白天活动，捕食昆虫，也吃较小的动物，不过行动缓慢。当外界的光线、温度发生改变或受到惊吓时，避役会变成绿色、黄色、米色或深棕色，常带浅色或深色斑点，这是因为避役的皮肤里有多种色素细胞，这些细胞由神经系统控制着，当细胞内的色素扩散或集中时，避役皮肤的颜色就会因此发生变化。

## 最大的爬行动物——咸水鳄

咸水鳄是鳄鱼的一种，生活在温暖湿润的海滨，它是世界上最大的爬行动物。咸水鳄外形像蜥蜴，一般身长4~5米，头部扁平，嘴很长，长尾巴侧扁形，身上有鳞片，短短的四肢长在身体两侧。人类所知道的最大咸水鳄有8米多长，生活在澳洲北部地区。咸水鳄在陆地上爬行时行动迟缓，在水下却十分灵活，它游泳时四肢紧贴身体，从头到尾像波浪似的摆动。它们还可以前肢垂直向上，头部向下进行潜水。在沿海生活的咸水鳄以蟹、水鸟、海龟、蛇和虾等为食。咸水鳄上下颌的力量非常强大，很容易把猎物咬死。对付较大的猎物时，咸水鳄用牙齿将猎物上下刺穿，牢牢控制住猎物，然后迅速潜入水里不停地打滚，把猎物撕碎。巨型的咸水鳄不仅吃小袋鼠、猫、狗和猪等动物，有时还吃人类，是极具危险性的一种动物。

## 最快的爬行动物——黑毒蛇

陆地上爬得最快的蛇是非洲的黑毒蛇。它又细又长，在平地上每小时可爬行16.09~19.3千米，即"百米成绩"为22.37~18.66秒，快得如离弦之箭。陆地上还有一种爬得很快的动物——六线蜥蜴。1941年有一辆汽车追赶美国南卡罗来纳州的麦克库米克附近的一只蜥蜴时，这只蜥蜴的速度竟达28.97千米/时。

## 脚最多的动物——千足虫

千足虫又叫马陆，是一种陆生节肢动物。它的身体由头和躯干两部分组成，其体形呈圆筒形或长扁形，头上的触角粗而短；躯干由体节构成，多达几百节。其中第一节无足，2~4节每节一对足，其余每节都有两对足。在北美巴拿马山谷里有一种大马陆，全身有175节，690只足，是世界上已知的具有最多足的节肢动物。

不过，千足虫这么多足并不是天生就这样的。其幼虫生下时只有7节，蜕皮一次增至11节，有7对足；二次蜕皮后增至15节，有15对足；多次变态发育以后，体节逐渐增多，足也越来越多。千足虫还有其他的种类，不过它们的身体较小，一般仅有2毫米长；与大马陆相比，它们的足也少得多。行走时，千足虫左右两侧足一起运动，前后足依次前进，呈波浪形前进，非常具有节奏感。虽然千足虫的足很多，却是行动极其缓慢的一种动物。

## 最原始的哺乳动物——鸭嘴兽

地球上最原始、最低等的哺乳动物是生活在澳洲东部的鸭嘴兽。鸭嘴兽的祖先早在1.8亿年前的侏罗纪时期就出现了，而且分布很广。许多古老的动物都已经灭绝了，但是鸭嘴兽却很幸运地存活下来。鸭嘴兽是一种半水栖的珍稀动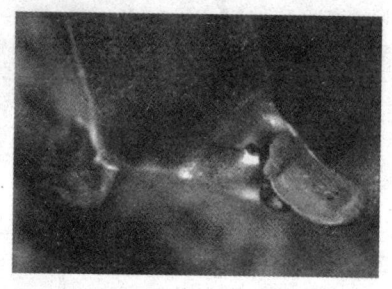物，嘴扁平和鸭子很像，但可以弯曲，耳朵没有耳壳，胖胖的身体外面覆盖着一层褐色的毛，不会被水弄湿。大尾巴扁平而又有力，起着舵的作用。四肢又短又粗，趾间有蹼。在陆地上的时候，它会把蹼合起来，进水中以后，就会把蹼展开，像是几个大桨。鸭嘴兽擅长游泳，能捕食昆虫和其他一些生活在水中的小动物。在水下，鸭嘴兽闭上眼睛，用它那柔软而敏感的嘴在泥浆里掏摸着找寻食物。鸭嘴兽和爬行动物、哺乳动物、鸟类都有相似点。鸭嘴兽是唯一生蛋孵出幼仔的哺乳动物，是从鸟类到哺乳类之间的过渡型动物，具有十分重要的研究价值。

## 最大的哺乳动物——蓝鲸

蓝鲸是世界上最大的哺乳动物，它们主要生活在世界各大洋海域中。

蓝鲸体重约170吨，身长可达30米左右，嘴巴张开时可容纳10个成年人站立。蓝鲸经过一年左右的妊娠期后，一般在冬季分娩出幼鲸。幼鲸刚出生时体重就达6吨左右，长约7.5米。幼鲸体重的增长速度非常快，一般在母亲喂奶后24小时，它的体重就能增加约100千克，平均每分钟增加75克。幼鲸在长到7个月大时，其体重可达到23吨左右，有16米长，并开始张嘴学习吞食各种浮游生物。

鲸鱼的种类有很多，全世界共有九十多种，主要分为齿鲸和须鲸两大类。鲸每隔20～60分钟就会浮出水面呼吸一次，它们把背部拱出水面然后探出头来"喷泉"。

5年后，一只幼鲸就成年了。成年蓝鲸一般能生存20～30年。蓝鲸用途广泛，它的脂肪可制肥皂；鲸肉可被制作成味道可口、富有营养的美食；鲸肝含有大量维生素；鲸骨可提炼胶水；血和内脏器官是优质肥料的原材料。因此，人类常常肆意捕杀蓝鲸来获取巨大利益，这种行为导致蓝鲸的数量急剧下降，使之成为世界上濒临灭绝的哺乳动物之一。

## 最小的狗——约克种狗

世界上曾经有只最小的狗，是一条约克种狗，它的主人布莱克本·亚瑟·马普尔斯居住在英国兰开夏郡的一个小镇上。这只狗还没有人的手掌大，身长和身高分别仅有9.5厘米、6.3厘米，体重113克。不过，这只狗的寿命很短，只活了两年。目前世界上存活的最小的狗是一个泰国人饲养的名叫"大老板"的约克种狗，在1995年

12 月 7 日，人们测量出它的身长为 12.95 厘米，身高为 11.94 厘米，而其体重也仅有 481 克。

## 嘴巴最大的陆生动物——河马

河马主要分布在非洲的大河和湖沼边，以草、水果、树叶以及水生植物为食。河马体形肥胖，皮很厚，全身光秃秃的，脑袋很大，眼睛、鼻孔、耳朵都长在面部上端，成一平面。河马是陆地上除大象之外最大的动物，可以长到 4 米长，体重可以达到 2500~4000 千克。河马是陆地上嘴巴最大的动物。河马的嘴巴又大又宽，成年河马张开大嘴，可以装一个成年人的身体。河马的嘴不但大，而且很有力，一口能把一只小船咬成两半。

希腊人称河马为"河中之马"，而古埃及人则将河马称为"河中之猪"。从古埃及人纪念碑上的象形文字中可以断定，当时有大量的河马生活在尼罗河流域，但如今河马已经从埃及消失。

河马喜欢群居，常常二三十只栖息在一起，浮在水中时，露出小小的眼睛观察周围，圆圆的鼻孔露在水面上呼吸，它们游泳的速度很慢。河马虽然庞大，但性情却很温和，它们白天在水中或者陆地上休息，晚上吃草。河马除了上岸睡觉，大部分时间都在水里泡着，如果河马长时间离开水，它的皮肤就会干裂，渗出红褐色的液体。

## 跑得最快的动物——猎豹

猎豹的身体条件非常适合奔跑，速度最快时可达 120 千米/时。它的脑袋圆而平滑，四肢很长，整个身体呈流线型；它的爪甲像运动员跑鞋上的鞋钉，可以紧紧地抓住地面，不但能增加速度，转弯时还能防止打滑；猎豹的尾巴很长很粗，可以平衡身体和调节方向；猎豹的肌肉柔韧性强，脊椎骨弯

曲性好，奔跑时，全身像波浪一样起伏。猎豹的肺活量很大，心脏强健，身体素质很适合奔跑。

## 长跑最快的动物——叉角羚

传说，羚羊晚上睡觉的时候与其他的野生动物不同，它会找一棵树，看准位置后奋力一跳，用它的长角挂在树杈上，这样可以使身体悬空，使其他野兽够不到它，以保证自身的安全。

世界上长跑最快的动物应数北美洲特有的动物叉角羚。叉角羚生活在大草原或丘陵地带，是介于鹿类与羊类之间的一个种类，长着鹿那样长长的分叉的角，一般身体长140厘米，体重36~60千克。在美洲大陆，叉角羚是跑得最快的野生哺乳动物，奔跑时速可达80千米，虽然没有猎豹快，但是耐力比猎豹强，可以长时间高速奔跑。叉角羚的心脏比同等体重的绵羊要大1倍，所以它的速度和耐力都很好，快速的奔跑使它能够有效地逃避天敌。叉角羚很警觉，它的视力和听觉都非常好，吃草的时候耳朵也转动着留意四处的动静，一旦有风吹草动，撒腿就跑。叉角羚性情温顺、比较害羞，在远离人类居住的地方过着群居生活。夏季结成小群在大草原上四处漫游，过冬时则结成百头以上的大群向南迁徙。

## 舌头最长的动物——食蚁兽

食蚁兽生活在美洲大陆上，一般栖息于从墨西哥到阿根廷北部的草原和森林中。食蚁兽以蚁类为食，它的嗅觉非常灵敏，能够轻易地发现蚂蚁巢。食蚁兽发现蚁巢后，先用前爪探进蚁窝，再用它的利爪挖洞，然后将长长的舌头伸进那个蚁窝的通道中，这样蚂蚁就会沾在食蚁兽的舌头上，成为食蚁兽的美餐。食蚁兽的舌头长达60厘米，每分钟可伸缩150次。食蚁

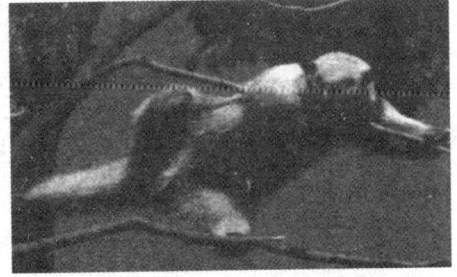

兽多毛的尾巴有着特殊的功能，在找到蚂蚁窝时，它们就用像扫帚一样的尾巴把散乱的蚂蚁扫到一起然后吃掉；当它们睡觉时，还可以张开尾巴来遮挡阳光。

## 繁殖能力最强的哺乳动物——旅鼠

旅鼠主要分布在北美洲、欧亚大陆和北极地区，是小型的啮齿类动物，它们是哺乳动物中种类和数目最多的一类，在地面、树上、水中到处都有它们的踪迹。旅鼠上下各有一对门牙，没有犬齿，最奇特的是，它们吃东西的时候，下颌是前后运动的。旅鼠的腿很短，耳朵小，毛柔软且长。它们从不冬眠，每当冬季来临的时候，它们在地下挖好洞穴，储藏草根、嫩枝等它们喜欢的食物。成熟的旅鼠是哺乳动物中最年轻的父母，斯堪的纳维亚半岛上的雌性旅鼠在出生后二十多天即可成熟并开始生育。所以，当旅鼠的繁殖过盛时，它们就会集体迁移，而且一直向前走。它们可以游过河流湖泊，但到了波涛汹涌的大海时，就只有死路一条了。每当这时，它们会选择一个个"跳"下悬崖，葬身大海。

## 最会造房子的动物——白蚁

白蚁出现在3亿年前，分布范围很广，以木纤维为主要食物。白蚁是群居动物，在"白蚁王国"中，有雄蚁、蚁后、工蚁和兵蚁，它们分工明确，各司其职。

白蚁是有名的建筑师，它们能把巢建得既漂亮又科学。有的白蚁把椭圆形的蚁巢建在树上，有的则在地面上堆搭起一个光滑的圆形或高塔形的巢，有的还会在地下修建"蚁城"。蚁巢的四周有多条暗道可谓是"四通八达"，远的可达百米之外，有固定的粮食运输线和送水路线。蚁巢的外壳厚实而坚固,还有调节巢穴温度和湿度的筛状空气孔,它有防敌、保温、保湿三大功能。蚁巢一年四季温度变化不大,既安全又舒适。

## 最喜欢吃盐的动物——豪猪

豪猪分为两大类:一类分布于欧洲、亚洲、非洲,主要在地上活动,擅长挖洞,白天在洞里休息,夜里出来觅食;另一类分布于美洲,生活在树上,擅长攀缘。豪猪行动笨拙,因此很容易被捕捉到。豪猪长长的毛发中生长着两万多根尖刺,这是它抵御外敌的有力武器,当它受到威胁时,这些刺会竖起来并"嘎嘎"作响,警告攻击者离它们远点。如果攻击者还不走开,豪猪就会弓起身子冲过去,把刺深深地扎进敌人的皮肤里。一旦被它的刺刺中,就很难拔掉了。豪猪的刺会引起被刺者伤口感染,使伤者感到十分痛苦,甚至致命。豪猪出生时就带刺,不过那时候的刺很柔软,大约10天后刺开始变硬。另外,豪猪非常喜欢吃盐,它们总是寻找各种含盐的东西咀嚼。

## 最爱干净的动物——浣熊

浣熊主要生活在北美洲的温带丛林和南美洲的热带丛林中,它们的嘴巴像狐狸一样尖细,有着猫一样的胡须,猴子一样的前爪,灰、黄、褐等颜色的毛混杂在一起,全身毛茸茸的,看上去十分聪明可爱,种类有长鼻浣熊、蜜浣熊、食蟹浣熊等。浣熊的适应力很强。浣熊对环境的变化能很好地适应,本来是以肉食为主的兽类,但现在已有杂食性的趋势,也吃野果、鱼等,是美洲的特有动物。浣熊体形较小,一般只有7~14千克重,白天在地上觅食,晚上则睡在树上。浣熊还喜欢闯入人类的家中寻找食物,它们会熟练地打开冰箱、瓶盖,寻找可以吃的东西。浣熊每次吃东西前总要将食物放在水中洗一下,因此而得名。

## 最珍稀的骆驼——亚美利加驼

亚美利加驼生活在南美洲安第斯山地区，是一种人工驯养的动物，不存在野生种类。亚美利加驼与骆驼有着共同的祖先，但它们的体形比骆驼小，而且没有驼峰，是世界上罕见的无峰骆驼。亚美利加驼身体细长，尾巴短小可爱，它的头也很小，但耳朵大且尖，喜欢过群居生活。

在安第斯山地区，人们用它来驮载货物，当负载太重或疲劳时，它们便会躺下来高声嘶叫，不肯再前进。人们饲养这种无峰驼的另一个目的是用它们的皮毛制作大衣或睡袋，这种皮毛具有良好的保温性能，以前的印加贵族常常穿的长袍就是用这种驼毛制成的。

## 陆地上最大的动物——大象

大象是陆地上最大、最重的动物，长得高大健壮，身子像是一堵灰色的墙。大象的鼻子很长，像根管子，可以用来吸水喝，还可以像个喷头一样喷水。大象的鼻子不仅长而且用处很大，吃东西的时候，大象可以用鼻子卷起树叶、树皮、草以及果实等食物送到嘴里。大象的力气很大，有时能用鼻子将小树连根拔起。大象的两只耳朵像大扇子一样，可以把很细微的声音都听清楚，还可以帮助散热。

与它庞大的身体、长长的鼻子、大大的耳朵不同的是，大象的眼睛要小很多，因此虽然大象嗅觉和听觉发达，视力却不好。大象的牙齿很长，洁白如玉。但是珍贵的象牙却给大象带来了不幸，许多捕猎者为获得象牙残忍地捕杀大象。大象分为非洲象和亚洲象两种。非洲象生活在热带草原上，雌雄都有象牙；亚洲象生活在森林中，个头比非洲象小一点，只有雄象有象牙。大象虽然体形庞大，但是性情温和，喜欢群居。大象还是寿命最长的哺乳动物，可以活到100岁。

大象的主要外部特征为柔韧而肌肉发达的长鼻和大大的耳朵，它的长鼻具缠卷的功能，是象自卫和取食的有力工具。

## 最大的虎——东北虎

虎主要生活在亚洲大陆上，其中东北虎可以称得上是"虎中之王"。东北虎主要分布在我国东北的小兴安岭和长白山地区，它体魄

雄健，行动敏捷，身高1米以上，身体可达3米长，尾巴长约1米，体重可达350千克左右。东北虎体形大，脑袋圆，耳朵短，四肢粗壮有力，皮毛鲜明美丽，上面有窄窄的黑纹。东北虎面颊是白色的，所以也叫白额虎，有"丛林之王"的称号。东北虎的虎爪和犬齿锋利无比，是它捕食动物最有力的武器。东北虎一般住在高山针叶林地带或草丛中，白天常在树林里睡觉，傍晚或黎明前外出觅食，主要靠捕捉野猪、黑鹿和狍子为生。由于野猪、狍子常破坏森林，东北虎以它们为捕食对象，所以东北虎被人们称为"森林的保护者"。通常东北虎是不轻易伤害人和牲畜的。

## 眼睛最大的猴——眼镜猴

眼镜猴生活在苏门答腊南部和菲律宾的一些岛屿上的茂密丛林里，个头和老鼠差不多大，圆圆的脑袋上竖着一对大耳朵，不时扇动着，听觉非常灵敏，睡觉时它会把耳朵折起来。眼镜猴有一对圆圆的大眼睛，周围长着一圈黑斑，像是戴了一副宽边眼镜，因此得名"眼镜猴"。眼镜猴的眼睛又大又重，其重量竟然比它的脑子还重。眼镜猴的眼睛不能转动，但脑袋可以灵活地转动。眼镜猴一般独自栖息在树上，有时也成对地栖息，它们对周围的环境非常敏感，甚至在休息时也会睁着一只眼，警觉性很高。眼镜猴白天在树上睡觉，夜里出来活动，它们以植物的果实为食，也吃昆虫、青蛙、蜥蜴及鸟类。眼镜猴的手指和脚趾都很长，手指和脚趾的前端有吸管状的圆形衬垫，可以牢牢抓住树干

长着一双大眼睛的眼镜猴。

和树枝，使其能在树上和叶丛中灵巧地穿来穿去。

## 最大的有袋动物——大袋鼠

生活在澳洲的大袋鼠是世界上现存最大的有袋动物，大袋鼠终生都在生长，成年雄袋鼠一般身高2米，尾巴长1米。雌袋鼠腹部都有一个皮口袋。小袋鼠出生后，雌袋鼠把自己腹部的毛舔湿，幼仔就靠自己的力量沿着湿痕爬进雌袋鼠的袋囊中，寻找奶头，然后叼住奶头再也不肯松嘴。小袋鼠有时从袋中探出头来，20天后会偶尔爬出袋囊，约6个月时完全走出袋囊，再吃6个月奶后，就比较独立了，但遇到危险时仍会跑到袋里躲避，大约3岁时才能完全独立。袋鼠一般十余只成群在一起活动，清晨和傍晚天气凉爽时外出觅食、饮水、吃草。白天炎热时袋鼠在树荫下休息，休息时总有一只袋鼠放哨。大袋鼠擅长跳跃，一般一跳可达3米远，奔跑时每一跳可达9米以上，常跑出几千米才停下。它们平时生情温顺，不过遇到敌害也会奋力踢打，力气大得很呢！

袋鼠是草食性动物，它们吃多种植物，有的还吃真菌类。不同种类的袋鼠适应不同的自然环境。如树袋鼠则生活在树丛中、波多罗伊德袋鼠会给自己做巢等等。

## 传说中最美丽的海洋生物——儒艮

儒艮又叫海牛，是最古老的海洋生物之一。儒艮是哺乳动物，分布在我国东南沿海、印度洋、太平洋周围的海域里。儒艮的身体像个纺锤，长约三四米，很肥重，全身长着一些硬毛，身子大脑袋小，头呈圆形，脖子很短，耳朵没有外耳壳，眼睛小小的，鼻孔顶在头上，嘴巴朝下，两颗牙露在厚嘴唇外面。儒艮的样子虽然丑，但传说中最美丽的海洋生物——美人鱼，便是以它为

原型的生物。这是因为儒艮的肚皮很白，经常浮出水面呼吸，有时候它们用尾肢踩水，露出半个身子，用前肢抱着幼崽在海面上喂奶，远远看去，很像正在给小孩喂奶的少妇，所以就被人们误认为是"美人鱼"。儒艮看上去又丑又笨，却性情温和，和鱼虾都能和平共处，儒艮只吃海藻、海草之类的海洋植物，是海洋中唯一的素食兽类。

 ## 最低等的多细胞动物——海绵

海绵类动物也称多孔动物，属于最低等的多细胞动物。海绵形状各异，有扁的，有圆的，还有管状的。它们身体柔软，组织肌体松散，大多在海洋中生活，附着在沿海的礁石、珊瑚或其他坚硬物体上，有的生活在几千米深的海底，只有少数在淡水中生活。海绵常年生活在海底，它们很少移动，所以经常被人们当做植物。不过现在发现了一种新的海绵，它们没有肌肉和神经，靠体内细胞来实现身体运动，尽管每小时只能移动 2 厘米，但已是同类中运动最快的了。海绵靠体上鞭毛的振动使含有食饵的海水进入体内孔隙，过滤掉海水，食取其中的微生物。许多小动物喜欢寄生在海绵体内。海绵还常被螃蟹顶在背上当做伪装。

 ## 游得最快的鱼——旗鱼

旗鱼是世界上公认游得最快的鱼。旗鱼体形又扁又长，体长一般在 3 米左右，表皮呈青褐色，上面有灰白色的圆斑，体重为 60 千克左右。旗鱼的背鳍又高又长，上面有黑色斑点，像面旗子，因此被称为旗鱼。旗鱼生活在热带和亚热带大洋的上层，这个地方的水流速度很快，如果游泳的速度不快，就可能被冲走，久而久之，旗鱼的游泳速度也越来越快，短距离时速可达 110 千米，3 秒可游过九十多米，是一般鱼类的 2 倍，是轮船速度的 4 倍~5 倍。它的嘴巴长而尖，可以很快把水往两旁分开，身体呈流线型，游泳时放下背鳍，减少水的阻力。旗鱼活动范围很广，有时把背鳍和尾鳍露出海面，有时却潜入 800 米深的海底。旗鱼性情凶猛，极具攻击力，尖锐的长嘴像一把锯子，曾有船只被旗鱼的"锯子"锯成两截。

## 产卵最多的鱼——翻车鱼

翻车鱼生活在大洋的中表层，它长得很奇特，身体短短的、扁扁的，头很小，没有腹鳍，背鳍和臀鳍是尖刀形，尾鳍退化，没有尾巴，后半截身体好像被人用刀切去一样。翻车鱼背部呈灰褐色，两侧为灰银色，腹部白色，没有鳞片。翻车鱼个头很大，最大的长3～5米，体重一般在1500～3500千克，是海洋中最重的硬骨鱼。天气较好时，翻车鱼会将背鳍露出水面，边顺水漂流边休息，所以又叫"太阳鱼"；天气不好时，它会侧过身子平浮于水面，用背鳍和臀鳍划水并控制方向；还可用背鳍在海中翻筋斗，潜入海底。翻车鱼常常成为海洋中其他鱼类、海兽的食物。但因为翻车鱼具有强大的繁殖能力，所以没有因此而灭绝。翻车鱼一次可产卵3亿个，是世界上产卵最多的鱼类，一般鱼类产卵量是几百万粒。不过因为翻车鱼卵是浮性卵，经常被别的鱼类吞食，所以后代成活率并不高。

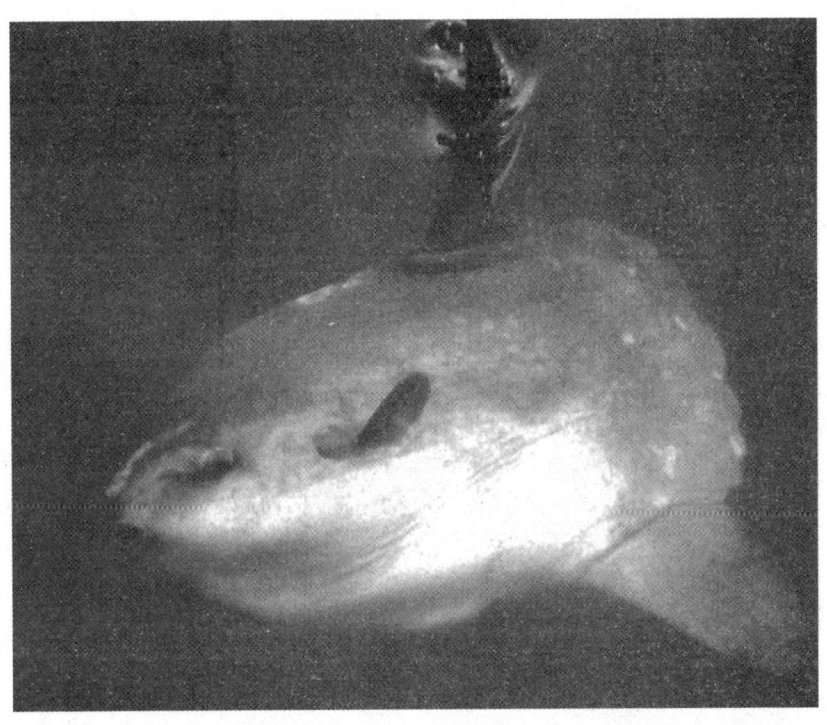

## 潜得最深的动物——抹香鲸

浩瀚而深邃的大海中既会产生巨大的浮力，又具有极大的阻力。在这样双重的压力下，什么动物能够潜得最深呢？

很多鱼类、海豚、海豹和海龟都是潜水好手，这些生活在大海中的动物以海为家，常常会一个猛子扎下去，一潜就是几十米甚至上百米。然而，真正的潜水冠军得数号称"海中霸王"的抹香鲸。说起它来可真是厉害，抹香鲸以屏气法潜入水下可达1个小时之久，最大的潜水深度达2200米，而且出入自如。

抹香鲸是海洋中的哺乳动物，和人一样用肺呼吸，而人的屏气时间只有1~2分钟，潜水深度不超过20米。即使是经过专门训练的潜水员，在潜水前呼吸数分钟纯氧，再挂上二十多千克的重物，最多只能潜到七十多米的深度，与抹香鲸相比真是不值得一提。

抹香鲸是齿鲸中最大的一种，头极大而且前端较钝，所以又称其为巨头鲸。

## 飞得最远的鱼——飞鱼

说到飞翔,人们首先会想到鸟类。其实,有些鱼也会飞,其中飞得最远的要数飞鱼,它的飞翔本领在鱼类中是数一数二的。有人曾在热带大西洋观测并记录下飞鱼最远的飞行记录:高度为 11 米,距离有一千多米远。然而鱼的飞翔实际上只能算是一种滑翔。

飞鱼体长约 20 厘米,近乎圆筒形,呈青黑色,腹部为灰白色。它们有适宜飞行的形体特征,飞鱼的胸鳍特别发达,一直长到尾部,像鸟的翅膀;腹鳍大,可以辅助滑翔;尾鳍是叉形的,下叶比上叶长。我们几乎可以把它们看成是水中的鸟。飞鱼是鱼,所以一般以游为主,它们飞行一般是为了逃避敌害的袭击,或者是由于受到船只惊吓。有时成群的飞鱼越出水面,一阵高,一阵低,掠过海空,好像群鸟一样,令人叹为观止。

## 放电能力最强的鱼——电鳗

电鳗是带电能量最高的鱼,放电时电压竟达 800 伏,被称为"水中高压线"。电鳗身体细长,尾部占了身体的大部分。它身体里有强大的发电器官,分布在身体两侧的肌肉内,电流从尾部流向头

部。电鳗无脊鳍和腹鳍,靠臀鳍游动。电鳗利用放出的电量把比较小的鱼类和水生生物击死,然后吃掉。有时比它大的动物,如正在过河的马或在河中游泳的牛也会被电鳗击昏或者全身麻痹。电鳗的头部和尾部碰到敌人或受到刺激时就会产生强大的电流,但是电鳗经过连续不断的放电后,需要休息一段时

间，并补充食物，才能恢复原有的放电强度。南美洲当地的人们就趁这段时间来捕捉电鳗。

## 毒液最毒的动物——海蛇

海蛇在海洋中生活，和陆地上的眼镜蛇有着密切的亲缘关系。海蛇大多数都聚集在大洋洲北部至南亚各半岛之间的水域内，它们扁平的尾巴像船桨一样在水中划行，海蛇很擅长游泳，还能潜水。海蛇有毒牙，毒液类似眼镜蛇的毒，毒性却比眼镜蛇的毒液更强，是氰化钠毒性的 80 倍，是毒性最强的动物毒液。多数海蛇只有在受到骚扰时才会伤人。被咬伤的人没有疼痛感，毒性潜伏一段时间才发作，中毒后全身无力、酸痛，眼皮下垂，下巴僵硬，有点像破伤风的症状，不过那时人的心脏和肾脏已经受到严重损伤，可能在几小时至几天内死亡。海蛇性情凶狠，除了捕捉鱼虾，也常袭击较大型的动物。一旦离开了水，海蛇的进攻能力就一点也发挥不出来了。海鹰和其他肉食海鸟看见海蛇在海面上游动，就飞快地从空中俯冲下来，衔起一条就飞走了。

天鹅保持着一种稀有的"终身伴侣制"。在南方越冬时,不论是取食或休息都成双成对。

##  飞得最高的鸟——天鹅

天鹅是一种大型水鸟,它们常在湖边和沼泽地中栖息,以水生植物的种子、叶、茎或水生昆虫、软体动物为食。人们一直以来都把天鹅当做名贵的珍禽和观赏动物,因为它们长着优雅的长颈,其美丽端庄,形态优雅安详。白天鹅有一身洁白的羽毛,长着黑色的喙;黑天鹅全身黝黑,有着红色的喙和少许的白色羽毛。同时,这种美丽的水鸟,也是世界上飞得最高的鸟,能飞越世间最难以征服的高峰。天鹅是一种候鸟,它们冬天结队迁徙到南方,飞行时长长的颈伸得又平又直,微微上扬,双翼优雅地扇动。它们飞得很高很快,每年以9144米的高度定期飞越珠穆朗玛峰。而生活在尼罗河的天鹅则能在17000米的高空中盘旋。天鹅不但有着美丽的外表,而且有一颗勇敢而高傲的心,性格坚韧顽强,难怪中国古代诗人视天鹅为纯洁无瑕、志向高远的象征。

## 最善远翔的飞鸟——黑背鸥

黑背鸥生活在南极地区，是那里最大的飞鸟，也是世界飞鸟之王。它的羽毛洁白，从头颅到身躯都是白的，只有翼背为黑色，因此而得名。黑背鸥善于远翔，日行千里对它来说易如反掌，连飞数日，它也毫不倦怠，甚至绕极地飞行，也锐气不减。它们还是空中滑翔的能手，可以连续几小时不扇动翅膀，仅凭气流滑翔。黑背鸥多数时

黑背鸥的主食为腐肉，攻击性强的黑背鸥会在鞘嘴鸥窃取其他鸟类食物日时，趁机偷吃鞘嘴鸥的幼鸟。

间都在海上漂泊，在4~7年后回到它的出生地。成年后的黑背鸥开始繁衍后代，它们每次只产下一只卵。80天后，小宝宝就出壳了，小黑背鸥经过近300天的成长，才会从父母的怀抱中独立。在海面，黑背鸥悠然自得地凫水，宛如天鹅，在岩顶则雕塑般一动不动。在闲云里伫立，又似白鹤。在天空，它的一对翅膀时而呈对称的波浪形，优美地扇动，时而呈一字直线，轻盈地滑翔，这正是鸥鸟最大的特点。人类对这种鸟的安静、洒脱大为欣赏。

## 产卵最大的鸟——几维鸟

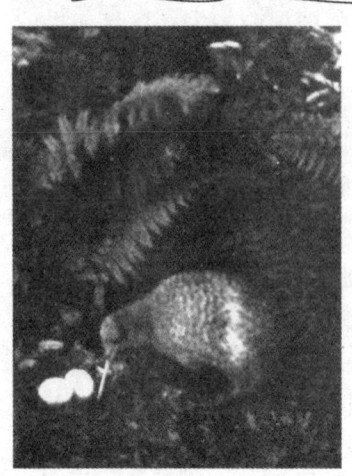

鸟总是和飞翔联系在一起，但并不是所有的鸟类都可以在天空中飞翔。在"绿色的花园之国"新西兰，有一种鸟叫"几维鸟"，它的翅膀已经完全退化了，没有尾巴，平时就靠双腿奔跑来运动，外形就像一团多毛的大球。它的面部有须毛，喙又尖又长，能发出"几维几维"的叫声。它的蛋足有500克重，相当于自己身体的1/4，从它的蛋与它的身体重量的比例来

说，它是世界上产卵最大的禽类。

几维鸟尽管其貌不扬，却是新西兰的国宝，新西兰将它定为国鸟，国徽、银币上也以其为标志。在市场上也充满了几维鸟的纪念品，国民们也以"几维"自称。

## 最大的鸟——鸵鸟

**野生的几维鸟栖息在森林和灌木丛中，喜爱群居，昼伏夜出。**

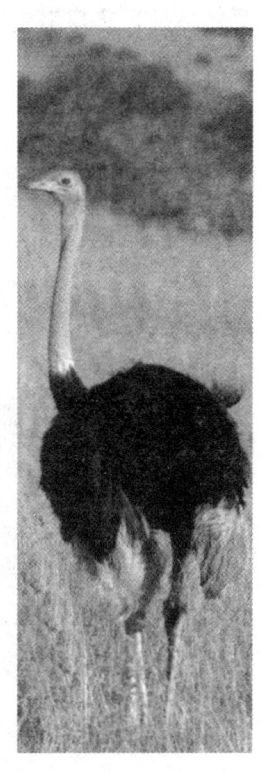

鸵鸟是世界上最大的鸟，主要生活在非洲。鸵鸟一般有2米多高，体重约为一百多千克。它的翅膀和尾羽都是白色的，身体上的羽毛颜色则很杂乱，它的脑袋很小，脖子很长，样子很难看。鸵鸟的两翼已经退化，但双腿修长粗壮，是世界上跑得最快的鸟。在奔跑的时候，鸵鸟的翅膀可以帮助平衡身体，还具有刹车的作用。鸵鸟体健力壮，可以驮起重达150千克的东西。鸵鸟很温顺，所以非洲人常驯养它们用来耕田、驮物、供人坐骑，甚至经过训练用来放牧和送信。鸵鸟最快每小时可以跑70千米，比马的速度还要快。

## 最凶猛的鸟——秃鹰

秃鹰是生活在美国及加拿大的一种巨鹰，身体和翅膀是黑色的，橘黄色的爪子，白色的头和尾巴。秃鹰长得很漂亮，但是性情凶猛，爪子和喙都很坚硬锋利，两者都是秃鹰捕食的有力武器。秃鹰一般有1.2米长，两个翅膀伸展开可达3米多长，重约15千克。它们一般栖息在安第斯山脉的悬崖峭壁上，在太平洋沿岸和加拉帕戈斯群岛上也能看到它们的身影。秃鹰在崖壁或树上筑窝，窝一般是由泥和嫩枝做成的，它们在那里产卵。秃鹰是捕鱼高手，一只成年秃鹰可携带和它们一样重的三文鱼飞翔。秃鹰也常捕食山羊、野鹿，就连猛兽老虎、狮子，它也敢与其一争高下，印第安人视其为神鸟，美国人也十分喜爱秃鹰，视它为美国的象征，美国国徽上的中心图像就是秃鹰。

##  翅膀最多的鸟——四翼鸟

人们都知道鸟类有1对翅膀，然而在非洲生活的四翼鸟，却有2对翅膀，是世界上翅膀最多的鸟。四翼鸟生活在塞内加尔和冈比亚西部到扎伊尔南部，左右两翅上分别长着一只长四十多厘米的羽翼，飞上天空时，羽翼展开，好像两面旗子，高竖在身体上面，迎风招展，非常好看。四翼鸟圆圆的头，细细的尾巴，前面1对翅膀长，后面1对翅膀短，身体呈淡黄色，鸣叫声像黄鹂一样优美动听，常常雌鸟雄鸟成双成对地飞来飞去。四翼鸟是在夜间活动，别的鸟类都休息了，它却出来活动觅食。当它扇动翅膀盘旋上升时，两扇羽翼就迎风摆动；而当它俯身冲向虫蛾时，羽翼就会放倒藏在身后。四翼鸟以害虫为食，是人类的好朋友。

## 最耐寒的海鸟——企鹅

企鹅是南极洲的标志性动物。由于长期在寒冷地区生活,锻炼造就了企鹅耐低温的生理功能,在所有的鸟类中,企鹅是最耐寒的鸟。企鹅长得很可爱,身子胖乎乎的,走路摇摇晃晃,背部为黑色,有白色的肚子,像穿着燕尾服的绅士。企鹅全身覆盖着重重叠叠的细小、含油的羽毛,羽毛下还有柔软的绒毛,再加上它们皮下厚厚的脂肪,即使是寒冷的天气,甚至是风浪的拍打,企鹅也不惧怕。企鹅不会飞,在陆地上行走的时候也笨笨的,但在水里却很敏捷,游得又快又好。它们可以在海里一待就是几个星期,以鱼和甲壳类动物为食。企鹅还能在冰雪上滑雪行走,并且时速可达30千米。每年秋冬雌企鹅产卵后,就把卵交给雄企鹅孵化,自己去海里觅食。雄企鹅把蛋牢牢地放在脚背上,用腹部的皮毛把蛋盖起来,在严寒中寸步不移,靠消耗体内脂肪生存,它能坚持两个多月不进食,直到将小企鹅孵化出来。

## 繁殖最快的昆虫——蚜虫

昆虫是动物界中繁殖能力极强的一类,其中繁殖速度最快的要数蚜虫。蚜虫的种类很多,全世界已知的蚜虫有两千多种,我国估

计有 600 种以上。

　　蚜虫的生殖方式不只一种，它们有卵生的，也有孤雌胎生的，也就是说，雌蚜虫可以不经过交配就生出小蚜虫来。雌蚜虫有的有翅，有的无翅。它们的繁殖速度十分惊人，以棉蚜虫为例，只要环境适宜，4~5 天就能繁殖出下一代，做"母亲"的生下"女儿"才四五天就可以做"外婆"了。

　　一只棉蚜虫一年能繁殖二三十代。有人估计，一只孤雌胎生的棉蚜虫如果在 6 月—11 月中旬的 150 天内，所繁殖的后代都存活的话，就会有 672623338074292603508 个。如果这个数字不能让你有更深刻的体会，那么告诉你吧，这些蚜虫平铺起来，相当于地球面积的 1.3 倍！当然，在自然界中，蚜虫的成活率不可能达到 100%，否则我们人类将毫无生存空间，其他的动物也将没有立足之地。

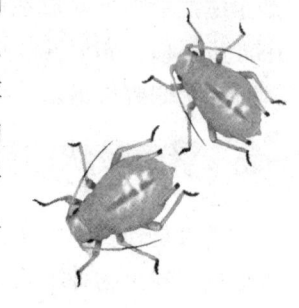

# 植物之最

## ZHIWU ZHI ZUI

## 栽培最广泛的竹子——慈竹

竹子,被誉为"第二森林",是一种珍贵而又美丽的绿色资源,深受人们喜爱。世界上很多地区都在培植竹子,其中慈竹的栽培最为广泛。

慈竹竹竿高5米~10米,直径4~8厘米,每节长可达60厘米,竹壁很薄,竹质柔软,材质较轻,慈竹劈成的竹条可以用来制作风筝上的直杆。慈竹有着极强的生命力,房前屋后,只要有点空地,栽下慈竹都能成活,几年内就繁殖成茂密的一片。因为新竹与旧竹同出一根,二者紧紧偎依在一起,像母亲和孩子并肩而立,所以得名"子母竹"。

我国很早就开始种植慈竹,并深受人们喜爱,唐初诗人王勃著有《慈竹赋》,杜甫也曾写下"慈竹春阴覆,香炉晓势分"的诗句。

## 最早出现的绿色植物

蓝藻是地球上最早出现的绿色植物。地质学家研究发现南非古沉积岩中存在最早的蓝藻类化石,证明了34亿年前,在地球上已有生命存在。古代蓝藻和现代蓝藻在外形上有些相似。蓝藻中含叶绿素,能制造养分,还能独立进行繁殖。所以,在植物进化史上它的出现有巨

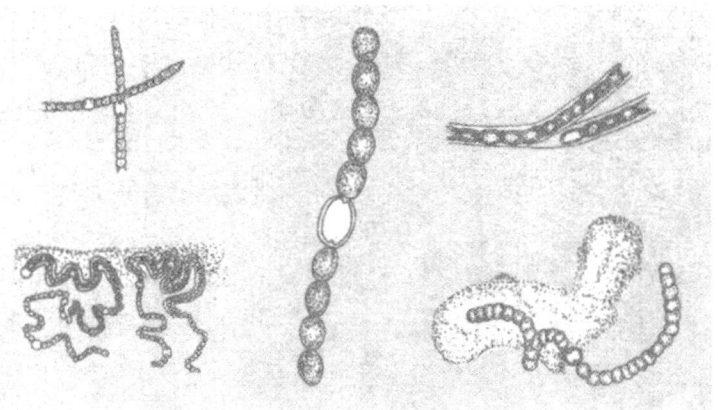

大的意义。今天地球上的花草树木等绿色植物都是由低等的藻类经过上亿年漫长的历史演变进化而来的。

## 最长的植物——白藤

白藤也叫省藤，是一种攀缘植物，它是世界上最长的植物。它的茎很细，然而它却特别长，从白藤的根部到顶部，一般约有300米，最长的可达500米长，比操场上的一圈跑道还要长。

白藤像一根长鞭，随风摇摆，一碰上大树，就紧紧地攀住树干不放，沿着大树向上生长，一直爬到大树顶端，再没有什么可以攀缘的了，它那越来越长的茎就往下坠，以大树为支柱，沿着树干上下盘旋缠绕，形成许多怪圈，因此人们给它取了个绰号叫"鬼索"。我国海南岛的热带雨林中就有这种白藤。

白藤植物。

## 最顽强的植物——地衣

生命力最顽强的植物是地衣。它在真空条件下被放置6年还能保持活力，在-273℃~200℃的温度下它都能生存。因此无论是冰

天雪地的极地,还是在荒芜的沙漠,它一样能生长。

为什么地衣的生命力能如此顽强?植物学家研究发现,地衣并不是一种单纯的植物,而是真菌和藻类两类植物组合而成的。真菌具有很强的吸收水分和无机物的能力,藻类有能进行光合作用的叶绿素;真菌吸收无机物和空气中的二氧化碳,藻类则用这些物质在阳光中进行光合作用,制造自身生长所需的养料,并与真菌共享。二者紧密合作,才产生了如此顽强的生命力。

##  感觉最灵敏的植物——毛毡苔

和动物一样,植物也有感觉,植物在受到光、温度等外界刺激后,会有不同的反应产生:向日葵的转盘从早到晚跟着太阳转来转去;含羞草的叶子只要轻轻一碰就会很快闭合。

世界上感觉最灵敏的植物非毛毡苔莫属。有人把一段长 11 毫米的细头发丝放在毛毡苔的叶子上,叶子马上卷曲起来把头发按住。还有人把 0.000003 毫克的碳酸铵(一种含氮的肥料)滴在毛毡苔的绒毛上,也会立刻被它发觉。

毛毡苔也叫日露草,在热带和温带地区生长,其中澳洲最多。它是一种食虫植物。叶子像圆盘一样平铺在地面上,像个莲花座,叶片上长有紫红色的腺毛,它能分泌香甜的黏液来诱惑贪吃的小昆虫,昆虫一碰到黏液就会被粘住,成为毛

毛毡苔主要分布于台湾、福建、江西、湖南、广东、广西、四川、云南、贵州等地,亚洲南部也有分布,大都生长在山坡草地或路旁。

毡苔的美食。

##  最奇妙的吃虫植物

全世界有五百多种食虫植物，其中猪笼草的捕虫器是最奇妙的。

猪笼草生长在温暖潮湿的环境中，主要分布在马达加斯加、印度洋群岛、斯里兰卡、印度尼西亚等潮湿的热带森林中，中国云南、广东等省也分布有这种植物。猪笼草能吃虫，关键在它精巧复杂的叶子构造上。它叶片的中脉伸出变成卷须，可以攀附着其他东西往上爬。卷须的顶部生出一个能自由开关盖的囊状物，这个囊状物像奶瓶子一样，瓶口边缘向内卷，瓶内有半瓶水液。瓶口内壁能分泌出带有香味的汁液吸引小昆虫，小昆虫在吃这种汁液的时候，一个不小心就会栽到瓶中，被水液粘住，成为猪笼草的笼中之物。

除猪笼草外还有捕蝇草、茅膏菜、毛毡苔等植物也具有食虫的特点，但它们的捕虫工具却比不上猪笼草这么复杂精巧。

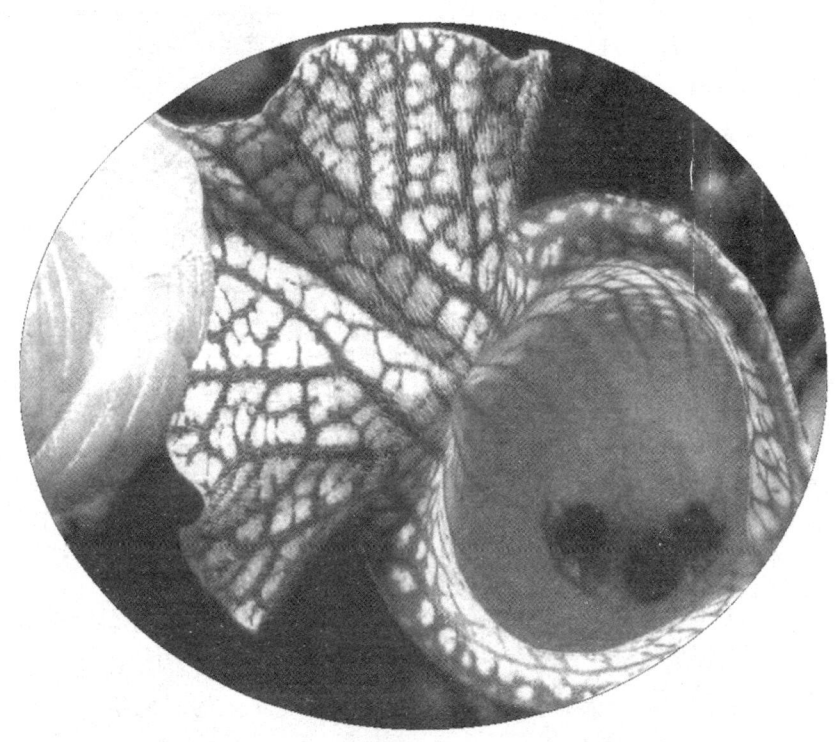

## 最凶猛的植物——奠柏

世界上有五百多种能吃动物的植物,但它们绝大多数只能吃些较小的昆虫。而生长在印度尼西亚爪哇岛上的一种树,居然能把人吃掉,这种名叫奠柏的树可谓是世界上最凶猛的植物了。

这种树枝条柔软,一旦有人触动了枝条,那些枝条马上就像蛇一样把人卷住,使人无法脱身。然后便分泌出一种腐蚀性极强的液汁,把人慢慢"消化"掉。不过,当地人已经掌握了对付和利用它的方法。先用鱼去喂它,等它伸开枝条,分泌液汁的时候,就趁机去采集它的树汁,因为奠柏的树液是制药的宝贵原料。

无论这种植物有多么凶猛,在充满智慧的人类面前,它也要乖乖地被人们加以利用。

## 分布最北的植物

极地是地球上最寒冷的地方,能够在地球最北端生活的植物有黄罂粟和极地柳。极地柳生长的地区要更靠北一些,它是世界上分布最北的植物。

为了抵抗北极地区的强风和严寒,极地柳适应环境的本领必须要很强。极地柳的个子很矮,只有30～60厘米高。它们伏在地面上生长,只要轻轻一提就会连根拔起。在40～70天的时间里完成发

奠柏的树枝会分泌一种黏性很强的胶汁消化被"捕获"的猎物,当奠柏的枝条吸收了养料后,又展开飘动,再次布下天罗地网,准备捕捉下一个牺牲者。

芽、开花和结果，一般植物在春天开花，而极地柳只在气温稍高的6月中旬以后才能开出黄色的花。

极地柳的叶子是圆形的，叶片中维生素C的含量很高，是橙子的7~10倍。它的嫩茎、叶，以及剥皮后的幼根都可以食用。由于北极有半年极夜时间没有阳光，极地柳无法和其他植物一样进行光合作用，所以生长速度极其缓慢，一年只能生长几毫米。

## 含蛋白质最多的植物

人口的增长使粮食的需求量与日俱增。目前，尽管人们采用推广良种、施用化肥、喷洒农药、耕作机械化等方法来提高产量，但粮食产量的增长在一定条件下仍有一定限度，不能随心所欲地无限

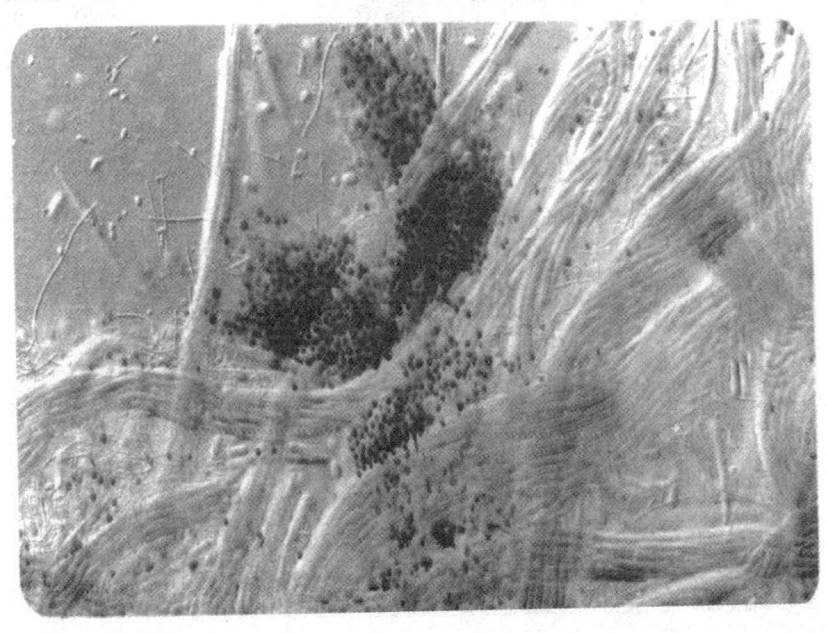

增加。因此,人们需要充分利用各种植物资源,开发多种食物品种,满足人类对于食物数量和质量的需求。

小球藻是一种绿藻,它有很强的繁殖能力,一般含50%的蛋白质,这种蛋白质是它利用太阳光,经光合作用产生的,比牛肉、大豆等高蛋白质食物所含的蛋白质还多,营养价值很高。

螺旋蓝藻是已被发现的含蛋白质最高的植物。螺旋蓝藻的个体比小球藻大100倍,蛋白质含量也比小球藻高很多,竟达68%,是瘦肉的4倍。螺旋蓝藻所含营养如此丰富,引起了科学家们的兴趣,他们对其进行研究,希望在不久的将来使人们的餐桌上增加螺旋蓝藻这种高蛋白食物。

## 最大的草本植物——旅人蕉

世界上的植物约有四十余万种,其中草的种类就有30万种之多,它们被称为草本植物。草本植物随处可见,稻、麦、青菜等都属于草本植物。在草本植物中,小草不到7厘米长,小麦、稻子也仅1米上下。但是在草本植物这个小个子家族里,也有高大的植物,

那就是旅人蕉。它高23米多，相当于六七层楼高，茎有双臂合抱那么粗，常被人误认为是一种乔木，其实它是世界上最大的草本植物。

旅人蕉叶片基部呈大汤匙状，里面常常贮满下雨天积下的雨水。这种植物原产于热带沙漠，旅行者长途跋涉干渴难耐时遇到它，只要摘下一片叶子，就可以喝到积水，解除干渴。"旅人蕉"也因此得名。

##  向上生长最快的木本植物——毛竹

毛竹是向上生长速度最快的木本植物。它从出笋开始，到长成竹只要两个月的时间，高达20米，相当于六七层楼房那么高。生长最快时，一昼夜能长高1米。因此人们常用"雨后春笋"来形容毛竹生长速度快。

竹子的生长是一节节拉长的，竹笋决定了竹子长成时的节数和粗细程度，竹子长成后就不再长高。而所有树木的生长，则是从幼芽开始，经过几十年的时间，乃至几百年的漫长生长过程长高长大。相比而言，竹子的生长是独具特色的。

##  吸水能力最强的植物——泥炭藓

世界上吸水能力最强的植物是泥炭藓，它生长在沼泽地区或森林洼地，是一种苔藓植物。它丛生成垫状，通常呈淡绿色，干燥时呈黄白色或灰白色。这种植物吸水能力很强，它能吸收自身重量10～25倍的水分，其吸水能力是脱脂棉的2～2.5倍，的确是吸水能力最强的植物。泥炭藓的大型种类经消毒加工，可制成急救包或代脱脂棉做敷料。由于泥炭藓中含具有收敛和杀菌作用的丁香醛、泥炭藓酚及多种酶，因此用做伤口敷料时，有促进伤口愈

泥炭藓的吸收能力极强，有很高的药用价值。

合的功效。

## 最会"闻乐起舞"的植物

人或动物会跳舞，不是什么稀奇事，植物会跳舞却是一件很稀奇的事情。在我国云南，有一种世界上最罕见的会"闻乐起舞"的植物，这就是神奇的跳舞草。跳舞草又名情人草、求偶草、多情草或风流草，它的触觉特别灵敏，像竹叶一样的草叶子会随着声波震动。当音乐声响起时，跳舞草的叶子就会随着音乐旋律的高低快慢而上下跳动，翩翩起舞。音乐的节奏越快，它跳动得就越快；音乐节奏越慢，它跳动得也越慢。音乐停止时，它也会立刻停止跳舞。因此，植物学家便给它取名为"跳舞草"。

跳舞草属于世界稀有植物，它全株可当药材，科研价值较高，同时也是著名的趣味观赏植物，有较高的观赏价值。

## 最耐干旱的种子植物

世界上最耐干旱的种子植物是沙那菜瓜。把沙那菜瓜贮藏在干燥的博物馆里8年，它不但没有干枯而死，每年的夏天还会长出新芽。其重量也只减少了3.5千克。其耐旱本领之强，在所有的种子植物中无疑也是首屈一指的。

水在植物生长过程中有极其重要的作用。一般植物在生长期间要吸收相当于其自身重量的300~800倍的水分。虽然如此，在自然界里，也有一些植物能够适应长期干旱的环境照样生长、繁殖。这些植物对干旱的环境有很强的适应能力。例如沙漠中的仙人掌、仙人球等，都和沙那菜瓜一样耐旱。

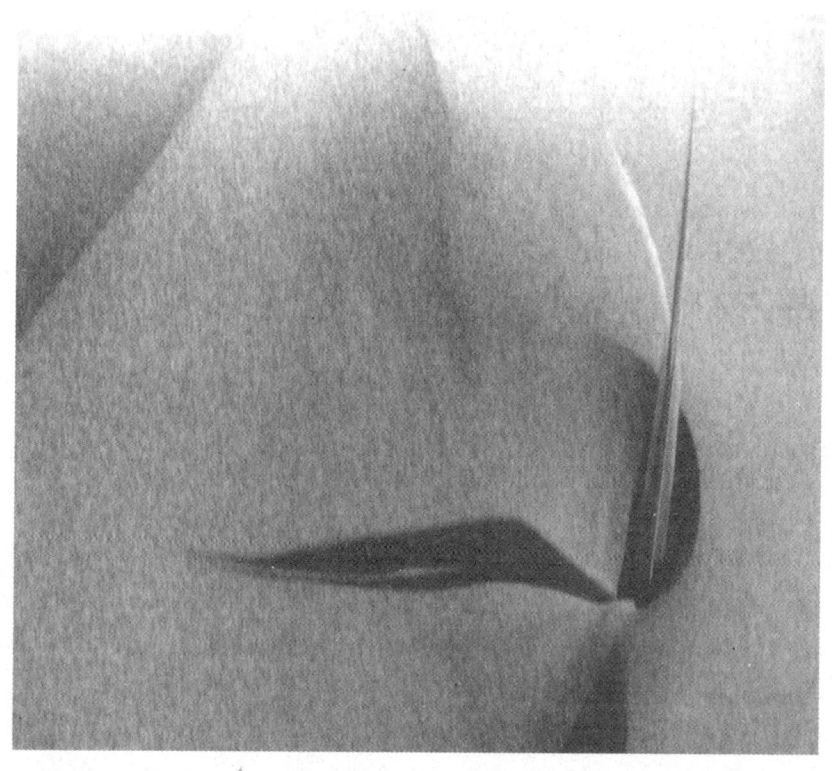

## 最大的蔷薇

蔷薇是人类栽培的第一种庭园植物。

蔷薇是丛生小灌木，且带有小刺。世界上最大的蔷薇生长在美国的亚利桑那州，这棵蔷薇如大树一样高大，高达2.75米，树干直径有1.41米，它的枝条遮盖着的地面达501.3平方米，人们用68根柱子和几百米铁管作为支架搭起一座凉篷，150人可在这棵最大的蔷薇树下乘凉。

## 花期最长和最短的花

俗话说：好花不常开，好景不常在。通常花的寿命是不长的，这是因为花都是比较娇嫩的，风吹雨打或是烈日的暴晒都会使它们很快枯萎，因此，花的寿命通常都比较短促。像玉兰、唐菖蒲等开花时间较长的花也只有几天的寿命；蒲公英的开花时间只有几个小时左右；牵牛花的开花时间也只有18个小时左右；晚上8时—9

时开花的昙花则只开三四个小时就凋谢。人们常用"昙花一现"来形容昙花开花时间之短促。实际上,世界上寿命最短的花并不是昙花,南美洲亚马孙河的王莲花,只在清晨的时候开放,仅仅半个小时就凋谢了。在热带森林里生长着一种兰花,花可以开 80 天而不谢,它是世界上寿命最长的花。

## 最大最臭的花——大花草

世界上的花朵,不但形态颜色各异,而且大小也各不相同。池塘里的浮萍花朵直径不到 1 毫米,是世界上最小的花。世界上最大的花是大花草,其生长在印度尼西亚苏门答腊森林里,其花朵直径达 1.4 米,它的 5 片花瓣又大又厚,外面带有浅红色的斑点,每片花瓣有 30~40 厘米长,一朵花重达 6~7 千克,呈面盆形状的花心里。可以盛 5~6 升水。

大花草属于寄生植物,寄生在像葡萄一类的蔓藤植物的根茎上。

大花草的奇特之处在于:它既没有叶子,也没有茎,而是寄生在葡萄科爬岩藤属植物的根或茎的下部。

这种古怪的植物，本身是无茎无叶的，一生只开一朵花。花刚开的时候，有一点香气，不到几天就会散发出难闻的恶臭味，很像腐烂的尸体所散发的味道。大花草就是靠这种臭味来吸引某些蝇类和甲虫为它传粉。大花草是世界上公认的最臭的植物。还有一种生长在苏门答腊的密林里的巨魔芋，开花的时候，会散发出烂鱼一样的臭味。也许臭味与它们花朵的面积有关联，大花草的花朵最大，而巨魔芋也是花朵较大的花之一。

## 最长的叶子——亚马孙棕榈叶

世界上植物的叶子形态迥异，大小不同。最大的植物叶子大到可遮住一间小房子，而最小的叶子比鱼鳞还要小。南美洲的亚马孙棕榈的叶子有 25 米长，热带的长叶椰子的一片叶子就有 27 米长，竖起来有 7 层楼房那么高。因此它被公认为世界上最长的植物叶子。

## 最大的叶子——玉莲叶

玉莲叶子是最大的水生植物叶子。玉莲叶子比荷叶要大很多。

玉莲叶直径达 2 米多，向着阳光的一面非常光滑而且是淡绿色的，背着阳光的一面则布满粗壮的叶脉，长满刺毛，其颜色为土黄色。玉莲的叶子浮在水面上，其边缘向上卷，像只平底的大锅。在它的中央就是站上一个孩子，叶子也不会沉下去。

虽然玉莲的叶子是水生有花植物中最大的，但它不是世界上最大的叶子。一种生长在智利森林里的陆生植物大根乃拉草的叶子比玉莲的叶子还大，它的一片叶子，能遮盖住 3 个并排骑马的人。人们用两片这样的叶子就可以搭一个三四个人住的帐篷。

## 最甜的叶子——甜叶菊叶

世界上最甜的叶子要属甜叶菊的叶子，它是一种多年生草本植物，原产于南美巴拉圭东部，当地人称这种植物为"巴拉圭甜茶"。每 1 千克甜叶菊的叶片可提取约 60～70 克的菊糖忒结晶，其甜度大约是蔗糖的 300 倍。甜叶菊在栽种的第一年便可长到 0.8 米左右，第二年可达到 2 米。可见甜叶菊的生长速度之快。它的茎呈浅绿色或浓绿色，全身还长有甜绒毛。甜叶菊一般在每年 9 月中旬开花，花期为 1 个月左右。

甜叶菊的花一般呈白色，花冠呈细吊钟形，头状花序，由4～6朵小花呈伞房状排列。果实细长如纺锤，其颜色为褐色或黑褐色。

## 寿命最长的叶子——百岁兰叶

为什么松柏看起来一年都是郁郁葱葱的呢？这是因为松柏的叶子不同时凋落，而是一部分一部分地换，所以松柏看起来永远郁郁葱葱。松柏叶子可以生存3～5年。生长在非洲西南部沙漠中的百岁兰的叶子是世界上寿命最长的叶子。

百岁兰只有2片叶子，露出地面的茎又短又粗，高度只有10～20厘米，但叶子总长可达4米。百岁兰的叶子初生时质地柔软，随后逐渐变硬，直至长成皮革状，这样的生长方式更能适应干旱的沙漠环境，能够有效防止叶片上的水蒸气散发掉。百岁兰的叶长2米多，宽30厘米，两片叶子拼在一起，比一张单人草席还要长。百岁兰的叶子寿命可达100年以上，在死亡时，百岁兰的叶子从尖端逐渐枯萎，然后叶肉腐烂，最后剩下的木质部分纤维卷盘弯曲，再加上又粗又短的茎干，看上去奇特无比。

## 最大的荚果——榼藤子

花生、大豆等豆科植物最重要的标志是它们有豆荚，人们把豆科植物的果实叫做荚果。世界上最大的荚果是榼藤子，榼藤子又名眼镜豆、过江龙、象豆、扭藤等。榼藤子的荚果长达1米多，比花生、大豆等荚果大几十倍，榼藤子的荚果宽12厘米，由几节组成，略微弯曲，成熟时一节一节地脱落，里面都有一粒种子。荚果的种子近似圆形，巨大而扁平，两个种子拼在一起，非常像一副眼镜，所以人们又形象地把榼藤子荚果的种子叫做"眼镜豆"。

榼藤子的种子是一种古老而又神奇的中药，它具有消炎止痛、解毒抗癌等功效。

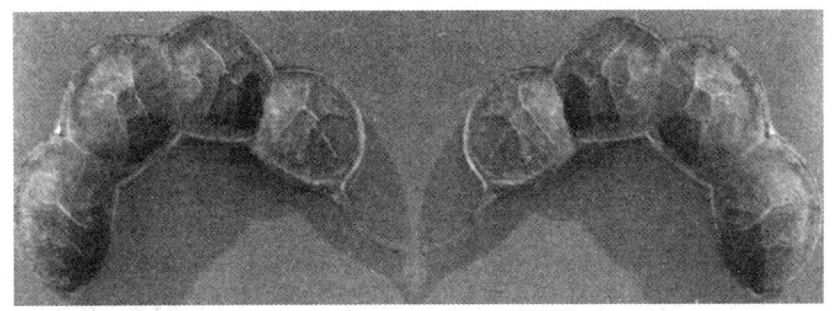

## 最有力气的果实——喷瓜

在植物界里,有些种子的脱落是不靠外力的,它们靠自身的弹力将种子从果实中弹射出来。例如凤仙花就可以把种子喷射到 2 米以外的地方去。世界上最有力气的果实要属喷瓜了。喷瓜原产于欧洲南部,它的果实呈橄榄形,表面带有毛刺,看起来像个大个黄瓜。喷瓜的种子浸泡在黏稠的浆液里,这种浆液把瓜皮胀得鼓鼓的,绷得紧紧的,强烈地压迫着瓜皮。当瓜成熟后,稍有触动,每节柄就会自然地与小瓜分离,瓜上出现了一个小孔,只听"砰"的一声,"瓜"内的种子便连同黏液一起从小孔处喷射出去。喷瓜的这股力量很强,可把种子及黏液喷射到 5 米远的地方。因为喷瓜喷射的力量大得像放炮仗,因此人们又把它叫做"铁炮瓜"。

## 最大的水果——木菠萝

世界上最大的植物果实是木菠萝,木菠萝又名菠萝蜜、树菠萝,被人们称为"水果之王",一般每只木菠萝的果实重十多千克,直径有1米左右。

木菠萝的果实非常不规则,大多呈椭圆形,其表皮粗糙有软刺,但果实十分甜润爽口,含有丰富的糖分、维生素及矿物质。木菠萝的种子富含淀粉,可煮、烘、炒或炸后食用,味美如栗。木菠萝树形非常好看,生长速度极快,因此人们把它作为良好的绿化树种来种植。木菠萝树原产于印度,在海南、广东、广西、云南、福建和台湾等热带、亚热带地区均有栽培。

## 含热量最高的水果——鳄梨

科学家对38种水果进行了仔细的研究,最后得出了一个结论:鳄梨是世界上含热量最高的水果,因为在它每100克果肉中就含有163千卡热量。

鳄梨的果实很大,大多呈黄绿色或红棕色,形状与鸭梨非常相

鳄梨果肉为淡绿色或淡黄色,似黄油一样黏稠。果仁含油量8%～29%,除食用外,可做高级化妆品、机械润滑和医药上的润皮肤用油及软膏原料。

似。其果实营养价值非常高，黄色的果肉柔软得像乳酪，鳄梨的果肉中含有多种维生素和丰富的脂肪、蛋白质、钠、钾、镁、钙等营养元素，鳄梨还能够减轻肝病，保护心血管系统，因此鳄梨被称为"完美的食物"。

## 含热量最低的食品——黄瓜

大家都知道黄瓜具有减肥功效，为什么吃黄瓜能减肥呢？因为黄瓜中含有一种可以抑制糖类转化成脂肪的物质，同时它是世界上含热量最低的食品，每100克黄瓜中只含有16千卡热量。

黄瓜颜色碧绿，口味淡雅清香，因而受到人们的青睐。它原产于印度。汉朝张骞通西域时把瓜种带回中国，所以人们把黄瓜又叫做胡瓜。

黄瓜含有蛋白质，以及钙、磷、铁等多种维生素及微量元素。

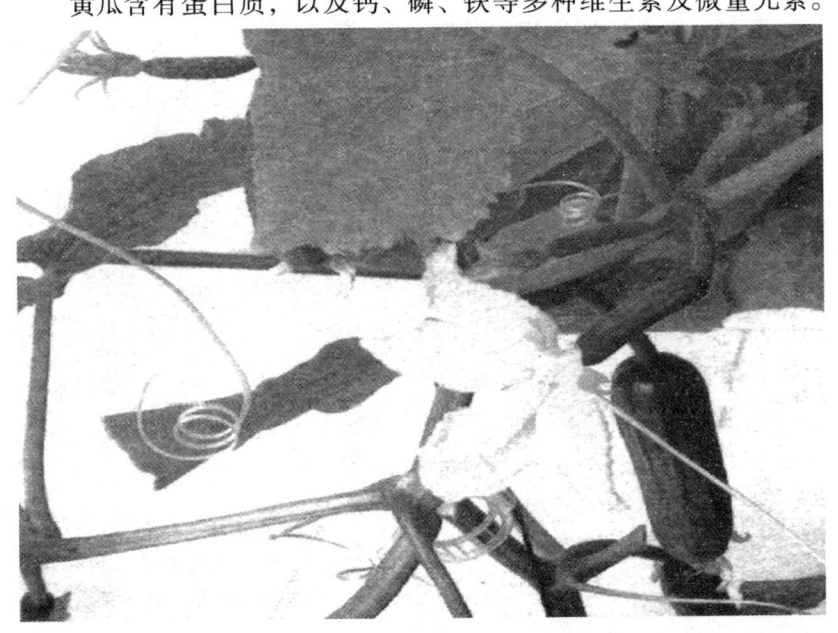

此外黄瓜还有补血开胃、增进食欲、减肥瘦身的作用。黄瓜中还含有丰富的生物活性酶，有很好的润肤去皱效果。

## 最大的洋葱

洋葱是生活中常见的一种蔬菜，每个重量大都在500克以下。可是产在北非阿尔及利亚的洋葱一个竟有2千克重，这是世界上最大的洋葱。阿尔及利亚的气候、土壤适宜植物生长，这里的洋葱、菜豆、小麦、大麦等植物的个头都要比其他地方的大得多。

洋葱具有很不错的药效，它的表面有一层薄膜，而这层薄膜可以分泌出一种挥发性物质，能够有效地杀死多种细菌、病菌和小虫。人们只要咀嚼洋葱3分钟，就可以把口腔里的一切细菌杀死。

因此，常吃洋葱对人体健康有很大益处的。

## 最小的种子——斑叶兰

在大多数人的印象中，芝麻往往被认为是最小的种子，其实，芝麻的植物种子并不是最小的，比它种子小的植物种子还有很多，有一种叫斑叶兰的植物，它的种子小如灰尘，50000粒种子只有0.025克重。所以斑叶兰的种子是世界上现今所知道的最小的种子。

斑叶兰的种子结构极其简单，只有一层薄薄的种皮和部分养料。斑叶兰的种子随风自由自在地飘扬，四处传播，因其种子数量相当多，所以总会有一些种子能够进行繁殖。斑叶兰种子的这种传播方式能够使其更好地适应环境，得以生存繁衍。

斑叶兰的花为白色，小而芳香。种子非常细小，每粒种子只有200万分之一克重。

# 天文地理之最

TIANWEN DILI ZHI ZUI

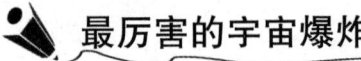

## 最厉害的宇宙爆炸

人们惊奇于原子弹、氢弹爆炸时所产生的巨大能量，可是，太阳每秒辐射的能量约为 $3.826 \times 10^{26}$ 焦，这相当于上亿颗氢弹爆炸所产生的能量。太阳已经存在几十亿年了，几十亿年来，太阳释放出巨大的能量，然而，在人们眼中太阳所产生的巨大能量相对于银河系来说却是微乎其微的。有一种超新星在一个瞬间能释放出相当于 $10^{18}$ 颗氢弹爆炸所产生的能量，相当于太阳能量的几千万倍。

宇宙中规模最大的爆炸是星系爆炸。据最近美国报纸报道，不久前，人造卫星自动记录下了一些数据，科学家从中发现了宇宙空间中一个星系的一次大爆炸，爆炸虽然只持续了 0.1 秒，但释放出的能量相当于太阳 3000 年释放能量的总和，这是有记录以来最强大的一次能量爆炸。科学家们认为这次爆炸释放的能量比率比太阳的能量释放率大 1000 亿倍，地球若处在与这次爆炸同样数量的能量中，会立刻被汽化。

星系碰撞的结果，改变了原始球状星系团的形状，同时可能促进星系团从椭圆形往旋涡形和无规则形演变的过程。

## 太阳系中最美丽的行星

太阳系八大行星中,按离太阳由近到远计算,土星为第六颗,体积和质量仅次于木星,居于第二位,是一颗"巨行星"。

土星呈扁球状,它的赤道直径是地球的 9.5 倍,两极半径与赤道半径之比为 0.192。土星的质量是地球的 95.18 倍,体积是地球的 730 倍。虽然土星的体积非常庞大,但它的密度却很小,每立方厘米只有 0.7 克。土星内部的核心由岩石构成。核心的外面是由冰层和金属氢组成的壳层,最外面是一层色彩斑斓的云带,它是八大行星中最漂亮的一颗。土星表面温度非常低,约为 -140℃,土星的大气运动不明显。土星以平均每秒 9.64 千米的速度斜着身子绕太阳公转,其轨道半径约为 14 亿千米,绕太阳一周需 29.5 年的时间,公转速度非常慢,但是它的自转很快,赤道上的自转周期仅为 10 小时 14 分钟。

在太阳系的行星中,土星的光环最惹人注目,它使土星看上去就像戴着一顶漂亮的大草帽

## 最早的天文学著作

创作于我国春秋战国时期的《甘石星经》是世界上最早的天文学著作,这部天文学著作是春秋战国时期的甘德和石申二人的天文著作的合集。

在这部著作里,石申和甘德通过对金、木、水、火、土五大行星的研究,发现了它们的运行规律,并把这些规律详细地记录了下来。这些关于恒星的记载汇聚成世界上最早的天文学著作,成为我国古代在天文学方面有卓著成就的代表。在这部著作中,石申还把他观测到的月亮的运行情况记录在其中,从而使人们掌握了月亮圆缺的周期性。

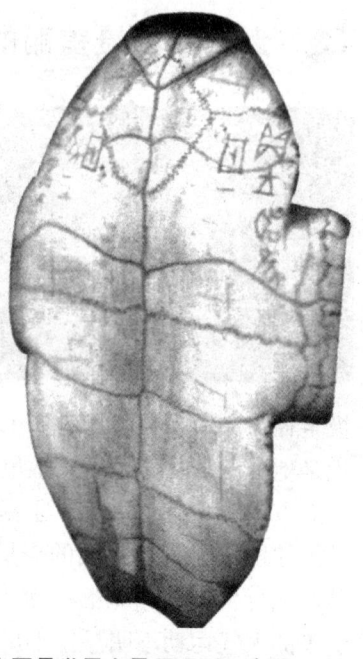

中国是世界上最早观测日食的国家之一。有世界上最早、最完整、最丰富的日食记录。出土于我国河南安阳殷墟的甲骨文中就有关于日食观测的翔实记载。

## 最早的日食记录

日食分为日偏食、日全食和日环食。日食,又作日蚀,是一种天文现象,只在月球运行至太阳与地球之间时发生。

中国是世界上最早记录日食的国家。出土于河南安阳殷墟的甲骨文中翔实地记载了公元前1217年5月26日发生日食的情况:当时人们正在田间劳作,突然发现光芒四射的太阳出现一个缺口,光色逐渐暗淡下来。一段时间过后,有缺口的太阳又慢慢地开始变圆。这便是人类历史上有关于日食的最早的可靠记载。

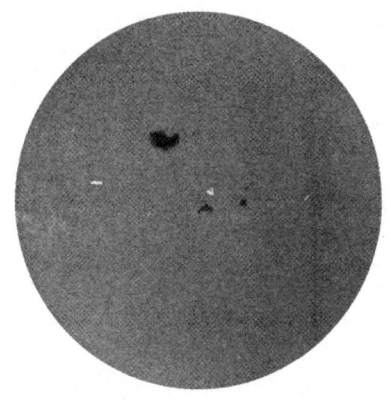

从这以后，我国古代的科学家继续对日食进行了观察和记录，保持了关于日食记录的连续性。在《春秋》这本编年史中就记载了公元前770至公元前476年之间出现的37次日食。日食记录的连续性和科学性，给科学研究提供了丰富的资料，并且形成了一套独特的研究方法，通过对日食成因和周期性的认识和总结，能够准确地预报日食，这也是我国天文学历史上的一项重要成就。

## 最早的太阳黑子记录

中国是世界上最早发现并记载太阳黑子活动的国家。

汉代班固所编修的《汉书》中记载最早的太阳黑子的活动记录。《汉书·五行志》里有这样一段记载："河平元年……三月乙未，日出黄，有黑气大如钱，居日中央。"史书所载的历史事实证实了我国早在公元前28年的汉朝就观测到了太阳黑子的活动。

我国古代不但有着世界公认的最早的太阳黑子记录，而且多次详细地记录了太阳黑子的活动。从汉朝的河平元年一直到明朝末年为止，大约记录了一百多次有明确日期的太阳黑子活动，在这些记录里，人们对太阳黑子的形状、大小、位置甚至变化都有详细记载。所有这些记载都成为我们研究太阳黑子活动及其对地球影响的珍贵资料。

## 最早发明望远镜的人

意大利科学家伽利略在1609年发明了世界上的第一架望远镜。这架望远镜是利用透镜成像的原理来工作的。由一个凸透镜为物镜，目镜是一个凹透镜。当把凹透镜和凸透镜分别调整到适当的距离范围时，人的眼睛就可以在目镜中看到正立的、放大的像了。

在当时伽利略发明的望远镜已经可以把物体放大几十倍来进行观测。

伽利略用自己发明的望远镜对月球上的高山深谷进行了观测，发现了银河中的无数星体以及其他天文现象，从而有力地证实了哥白尼"地球围绕太阳运动"的学说。伽利略发明的望远镜为后来的天文工作者进行科学研究发挥了巨大作用。

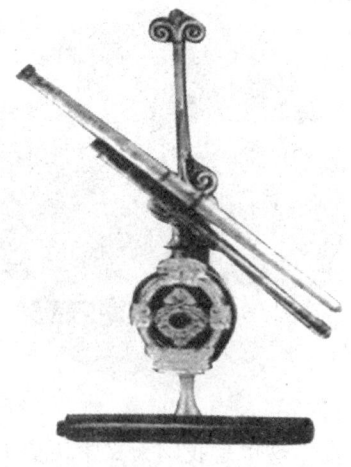

伽利略发明的最早的望远镜采用透镜成像原理。

##  世界第一高峰

珠穆朗玛峰是世界第一高峰，它是喜马拉雅山脉的主峰，海拔8844.43米，地处中国和尼泊尔边界的东段，北坡在中国西藏自治区的定日县境内，南坡在尼泊尔王国境内。

珠穆朗玛峰山体呈巨型金字塔状，北坡雪线高度为5800米～6200米，南坡为5500米～6100米。东北山脊、东南山脊和西南山脊中间夹着三大陡壁：北壁、东壁和西南壁，大约有548条大陆型冰川分布在这些山脊和峭壁之间，总面积达1457.07平方千米，平均厚度为7260米。印度洋季风带和两大降水带积雪变质形成了这些巨大的冰川。珠穆朗玛峰地势险峻，环境复杂，山顶终年积雪，天气

珠穆朗玛峰又译为圣女峰,藏语"珠穆朗玛"为大地之母的意思。高大巍峨的珠穆朗玛峰,在世界上有着巨大影响。

变化很大,一天内天气状况也往往变幻莫测。同时,珠穆朗玛峰景色奇丽,山顶的冰川上冰塔林立,千姿百态,冰崩雪崩区险象环生。

##  大陆上最低的地方——死海

地球陆地表面的最低点是死海。西亚约旦河所流经的谷地,地势极其低洼,许多地区甚至低于海平面300米。死海便处于约旦河谷的尽头,死海的水面低于海平面近400米,是世界上最低的地方。

死海南北长80千米,东西最宽处有18千米,面积达1049平方千米,平均深度为300米,最大深度395米。死海最深的底部处于海平面以下792米。由于含盐量巨大,人体的比重大大小于海水的比重,所以人会漂浮在海水上面,人们即使不会游泳也不会出现溺水现象。

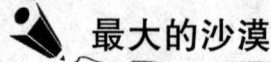

## 最大的沙漠

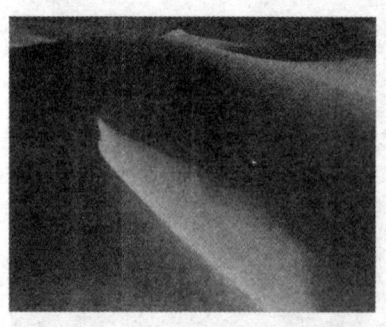

世界上最大的沙漠是撒哈拉沙漠，面积九百多万平方千米，地处北非，西起大西洋岸边，东到红海海滨，北起地中海岸，南到苏丹热带草原，横跨11个国家，约占非洲总面积的1/4。撒哈拉沙漠是地球上日照最多的地方，白天温度经常超过38℃，夜晚温度却经常降到零度以下。撒哈拉沙漠地区干旱少雨。有些地区每年有70多天是沙暴天气，风使沙丘不断地改变形状。撒哈拉大约只有1/5的地方是由沙构成的，其余的地方是裸露的砾石平原、岩石高原、山地和盐滩。这里矿产资源丰富，有石油、天然气、铁、铀、锰等。

## 最高、最年轻的高原

　　青藏高原位于中国西南部，是世界上最高、最年轻的高原。它由中国西藏自治区和青海省的大部分地区、甘肃、四川和新疆维吾尔自治区的部分地区组成，面积约200万平方千米，平均海拔4500米。地势大致由西北向东南倾斜，藏北高原海拔通常在4500米~

5000米以上，如阿里地区谷地的海拔就高达5000米以上，被称为"高原上的高原"；高原中部海拔约4500米，到最低的东南部仍保持在3000米左右的高度。因而人们把青藏高原誉为"世界屋脊"。青藏高原及其巨大的山脉，在上新世纪至更早新世纪时期由喜马拉雅山的运动抬升到现在的高度。也就是说青藏高原是在最近三五百万年里形成的。这和其他高原比起来，可以说是最年轻的了。现在喜马拉雅山和青藏高原还在继续升高。

##  最大的高原——巴西高原

位于南美洲中东部，亚马孙平原和拉普拉塔平原之间的巴西高原，面积达五百多万平方千米，占巴西国土面积一半以上，堪称是世界上最大的高原。巴西高原大部分地区为热带草原气候，年均气温在22℃以上，旱季和雨季分明。夏天雨季到来，草原上一片葱绿，是良好的天然牧场。一年中冬季的四五个月是旱季。巴西高原东南沿海为海洋性气候，降水分配均匀，河流从东南和南部流向其他三个方向，在高原边缘部分形成急流或瀑布。巴西高原东部为高高的脊状山岭，它像一座天然屏障一样屹立在大西洋沿岸。巴西高原不仅是巴西农牧业的主要产地，而且也是铁、锰、金刚石等矿藏的重要产区。

##  最大的盆地——刚果盆地

刚果盆地是世界上最大的盆地，面积约337万平方千米，它位于非洲中部，赤道横穿而过。刚果盆地的中部是平原，外围被河谷和阶地层层围绕。刚果盆地中心部分最低处海拔只有200米，而其四周的高原、山地一般在海拔1000米以上。刚果盆地中心有河流经过，水量丰富。刚果盆地是一个面积广大的内陆湖经地壳运动而形成的。

刚果盆地一部分处于热带地区，那里盛产棕榈油、棕榈仁、天然橡胶、可可等热带经济作物。刚果盆地矿藏丰富，所产金刚石占世界总产量的 1/3 左右，锰矿石占世界总产量的 12%，铜、钴、铀、锡、镭、铌等矿物产量也都居于世界前列。

## 最低的盆地——吐鲁番盆地

世界上最低的盆地是位于中国西北天山脚下的吐鲁番盆地。其面积约 5 万平方千米，东西长 245 千米，南北宽 75 千米。盆地的周围是高大的山峰，其中盆地北部的博格多峰是其中的最高山峰。

盆地中部极度下陷，地势低洼，许多农田、村落都处于海平面以下。著名的艾丁湖在南部的山麓，湖面低于海平面 155 米，是中国陆地的最低点。吐鲁番盆地由于地势低洼而封闭，加上其极端干旱、炎热的气候，故有"火洲"之称。吐鲁番盆地一年之中有半年处于炎热、高温的天气中。特别是每年 6 月—8 月，气温持续在 38℃以上，甚至曾创下 47.8℃的中国最高气温的历史纪录。

"火洲"是人们对吐鲁番盆地的自然地理特点的形象概括，酷热和干燥是吐鲁番地区的主要气候特点。

## 最大的岛屿——格陵兰岛

格陵兰岛是一片白茫茫的冰雪世界,地面上覆盖着厚厚的冰层。格陵兰岛是仅次于南极洲的世界第二大冰库,那里的冰层平均厚度达一千五百多米,如果这里的冰块全部融化的话,可以填满世界上最大的陆间海洋——地中海;如果让它流入海洋,全世界的海水就会升高6~7米。作为世界第一大岛,格陵兰岛的面积达217.6万平方千米,相当于整个西欧的面积,比中国第一大岛台湾岛大60倍。格陵兰岛地处北极圈以内,从太阳那里只能得到有限的热量,所以格陵兰岛的冬季气候格外寒冷,经常会出现强烈的暴风雪天气。夏季格陵兰岛沿海岸一带会呈现出一片绿色,岛上还生存着驯鹿、北极熊、北极狐和海豹等动物,近海还有鲸、鳕鱼和沙丁鱼等。格陵兰岛地下资源丰富,有多种金属矿藏,岛上生活着5万多居民,多为因纽特人。

## 最大的群岛——马来群岛

马来群岛位于亚洲大陆和大洋洲之间，由两万个大小不等的岛屿组成，总面积达 248 万平方千米，人们又把马来群岛称为南洋群岛。无论是从岛屿数目还是岛屿面积来讲，马来群岛都算得上是世界上最大的群岛。

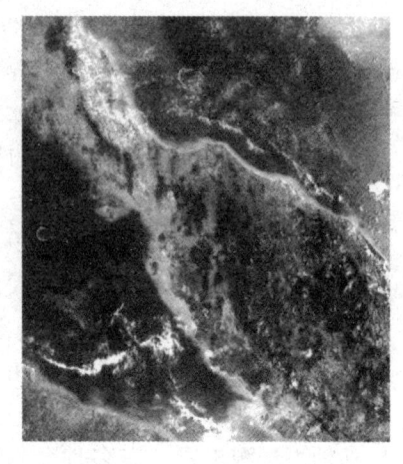

马来群岛具有典型的热带自然环境，盛产热带作物，其中椰子、油棕、橡胶、木棉、胡椒、金鸡纳树等的产量在世界上都位于前列。

马来群岛自然风光优美，吸引着来自世界各地的游客到这里观光度假。

## 最大的珊瑚礁区——大堡礁

澳大利亚东北海岸外一系列珊瑚岛礁总称为大堡礁，它沿昆士兰海岸绵延两千多千米，大堡礁由 3000 个岛礁组成，面积达 34.5 万平方千米，是世界上最大、最长的活珊瑚礁群。

大堡礁纵贯蜿蜒于澳洲的东海岸，全长 2013 千米，最宽处达 240 千米。南端离海岸最远，有 241 千米，北端离海岸仅 16 千米。在大堡礁群中，珊瑚礁有红色、粉色、绿色、紫色和黄色，色彩斑斓。其形状千姿百态，有鹿角形、灵芝形、荷叶形、海草形，构成了一幅色彩斑斓的海底景观。这里生活着大约 1500 种热带海洋生物，有海

丰富多彩的珊瑚群，不仅构成了面积巨大的大堡礁，更是纷繁的海底生物的家园。

蜇、管虫、海绵、海胆、海葵、海龟（其中以绿毛龟最为珍贵）以及蝴蝶鱼、天使鱼、鹦鹉鱼等各种热带观赏鱼，这里的巨毒石鱼、海蜇、巨型海蛇令人生畏。更让人大为惊奇的是，在大堡礁的四百多个珊瑚礁群中，有三百多个是活珊瑚。大堡礁里多姿多彩的珊瑚景色，吸引着世界各地的游客前来观赏。

##  最美丽的火山——富士山

富士山被日本人民当成民族的象征，它屹立于本州中南部，海拔 3776 米，是日本最高的山峰。富士山整个山体呈圆锥状，山峰高耸入云，山巅被白雪覆盖。富士山是一座休眠火山，公元前 286 年因地震而形成。在 1707 年富士山最后一次喷发，此后便沉寂下来，变成休眠火山。富士山山顶上有大小两个火山口，火山的喷发在山麓处形成了无数山洞，有些山洞至今仍有喷气现象发生。其中最美的富岳风穴内的洞壁上结满了钟乳石似的冰柱，终年不化，是罕见的奇观，被称为"万年雪"。每年春天天气晴朗时，远远望去，蔚蓝的天空衬着白雪皑皑的山体，山下郁郁葱葱，生机盎然，加上盛开的樱花，远景、近景都分外美丽。

## 最长的山系——科迪勒拉山系

科迪勒拉山系是世界上最长的山系，纵贯美洲大陆西部，北起阿拉斯加，南到火地岛，长约1.5万千米，它由一系列平行山脉、山间高原和盆地组成。科迪勒拉山系属环太平洋火山地震带的一部分，地质构造复杂，火山众多，地震频繁。科迪勒拉山系的北美部分主要由海岸山脉、内华达山脉、落基山脉组成。南美科迪勒拉山系以安第斯山脉为主干，荒漠、高原和山间小盆地夹杂在中段。北美洲部分山体较宽、较低，南美洲部分山体较窄、较高。科迪勒拉山系自然环境纷繁复杂，地球上所有气候、生物带几乎都能在其中找到，形成多种不同的景观。科迪勒拉山系森林茂密，水力资源丰富，盛产铜、铅、锌、锡、金、银、石油、煤、硫磺、硝石等多种矿产资源。科迪勒拉山系像一个巨大的屏障，影响着南美洲的大陆气候、水文、地理、人文景观和交通布局。

## 最大的洋——太平洋

太平洋是世界上最大的洋，它位于亚洲、大洋洲、美洲和南极洲之间，东西最宽处约一万九千多千米，南北最长约一万六千多千米，面积约1.8亿平方千米，占全球面积的35%，占世界海洋总面积的50%，超过了世界陆地面积的总和；太平洋也是体积最大的洋，它的体积为70710万立方千米。太平洋平均深度为3957米，马里亚纳海沟是太平洋的最深处，深度达11034米；太平洋有岛屿一万多个，是岛屿最多的大洋，其中较大的岛屿将近3000个；太平洋是世界上最温暖的大洋，海面平均水温为19℃；太平洋水产资源最为丰富，有许多海洋生物，如浮游动物等；太平洋也是火山、地震发生最频繁的地带，太平洋周围分布着占世界80%的火山和地震区，而且约占世界70%的台风是在太平洋生成的。

## 最大的海湾——孟加拉湾

世界上最大的海湾是孟加拉湾。它属于印度洋，北靠孟加拉国。恒河和布拉马普特拉河从北部注入孟加拉湾，在湾顶形成了宽广的河口和巨型三角洲。

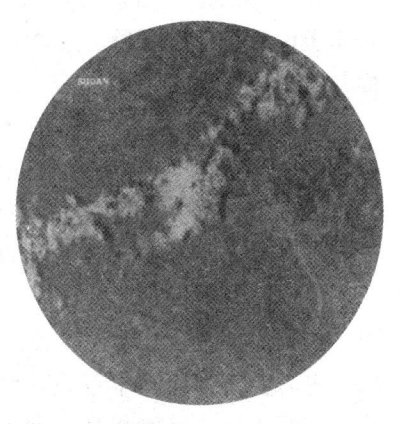

孟加拉湾是孕育热带风暴的地方。台风产生于西太平洋，袭击菲律宾、中国、日本等国；而飓风产生于大西洋，袭击美国、墨西哥等国。每年4月—10月，当地的夏季和秋季之交，猛烈的风暴常常伴着海潮，掀起滔天巨浪，呼啸着向恒河、布拉马普特拉河的河口冲去，风浪很急，大雨倾盆，常常造成巨大的灾害。

## 最大的湖泊——里海

里海不是海,而是世界上最大的湖泊。它位于欧亚大陆之间,其西南面和南面是高加索山脉和厄尔布尔士山脉的连绵雪峰,里海的三面是辽阔的平原。

里海之所以是世界上最大的湖,是因为它占全世界湖泊总面积的14%,比北美五大湖的面积总和还大,相当于日本全部国土的面积。里海南北狭长,形状类似"S"形,因此它又是世界上最长的湖泊。里海位于荒漠和半荒漠环境之中,气候干旱,蒸发强烈,湖水不断减少,含盐量不断增加。里海面积大,海水盐度高,常有狂风巨浪。里海原是地中海的一部分,经过地壳运动,最后分离成为一个内陆湖泊。

里海纵跨几个不同的气候区,北里海属大陆性气候;中里海西部气候温和;东部为沙漠气候;南里海属亚热带气候。

## 最深的湖——贝加尔湖

俄罗斯西伯利亚的贝加尔湖是世界上最深的湖泊,它的最深处为1620米。贝加尔湖四周是茫茫的林海,湖水水质特别好,它的淡水资源容量是地球全部淡水资源容量的1/5,相当于北美洲五大湖泊的总储水量。

贝加尔湖中有丰富的动物和植物,现在已经发现了一千二百多种动物和六百多种植物,其中有3/4是世界珍奇动物。最让人惊奇的是,贝加尔湖是淡水湖,但湖中却有海洋生物,诸如海豹、海螺、龙虾等。至于贝加尔湖中为什么会有海洋生物,至今还是个谜。

# 科学技术之最
KEXUEJISHU ZHI ZUI

## 最早的电子管

1904 年，英国物理学家弗莱明发明了世界上第一只电子管，电子管的发现标志着人类开始步入电子时代。弗莱明的电子管是在前人研究的基础上研制成功的。他用一个金属筒代替了爱迪生在进行白炽电灯实验时所用的金属丝，并把它套在灯丝外面。然后分别将它们接在电源的两极。打开电源，金属筒和灯丝之间就会有电流通过，世界上第一个电子管就这样问世了。电子管首先被应用到了无线电报的接收机上，后来又在电视、微波炉等各种电器中发挥了巨大的作用。虽然后来有更为高级的晶体管问世，但电子管仍在很多科技领域中发挥着重要作用。

## 最早的温度计

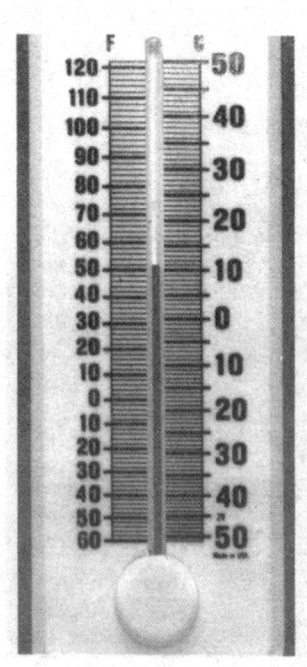

1603 年，意大利科学家伽利略发明的温度计，被认为是世界上最早的温度计。这个温度计的底部为球状的玻璃管，玻璃管外标有刻度。它利用气体热胀冷缩的原理来测量温度的变化。测量外界的温度时，先用双手握住玻璃管的球部，使球体内部的空气因为受热膨胀而溢出一部分。然后把玻璃管倒置于水中，放开手使管内空气受冷收缩，这样水就被吸入玻璃管了。玻璃管上刻着的刻度就可以反映被测物体的温度。由于周围温度的变化，玻璃球内的空气热胀冷缩，使管内的水柱随之升降。人们把伽利略的这种温度计称为空气温度计。

由于伽利略温度计水面是外露在大气里的，水柱的高低会受到大气压的影响，所以对测量温度的准确性有很大的影响。

## 最早的显微镜

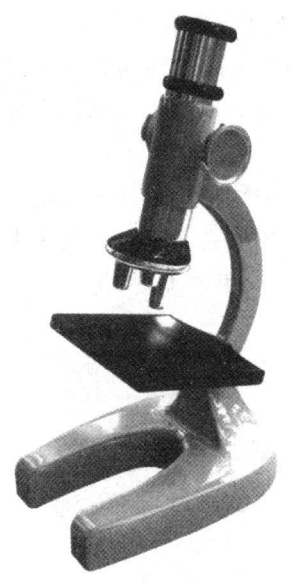

随着人类社会的不断进步，科技日益发展，显微镜也成为人类研究微观世界的主要工具。

最早的显微镜诞生于 16 世纪末期的荷兰，它的发明者是眼镜商札恰里亚斯·詹森和他的儿子江生。有一天，江生无意中将两片大小不同的镜片重叠在一起。当他把两个镜片放置在适当的位置时，有很多小东西突然变得很大。这一发现使他们父子二人非常兴奋，父子两人随即动起手来。将两个不同的镜片安装在不同口径的小铁筒里，使两个镜片间的距离可以随意调整。就这样，世界上第一台显微镜诞生了。这是人类科技发展上的重大突破。显微镜的发明使人类摆脱了仅限于用肉眼，或者是借助简单的透镜来观察事物的局限，把一个全新的世界展现在人类的视野范围内，使人类第一次看到了微小的动物和植物，以及构成人体和动植物体的细胞，为生物学的发展创造了条件。

## 最早的无线电通信机

奥斯特在 1820 年进行的"奥斯特试验"第一次揭示了电流能够产生磁的物理观象。1831 年，法拉第发现了电磁感应定律。到 1873 年，麦克斯韦提出了电磁场理论，他对电磁波的一些基本性能进行了描述。在这些理论的基础上，赫兹于 1888 年成功地在导线中激起了

高荡频率，并在导线周围测到了电磁场，证明了电磁波的存在。

受赫兹的试验启发，人们开始研究利用电磁波传递信息的无线电通信，并作了大量的相关试验。1895年5月7日，俄国物理学家亚历山大·斯捷潘诺维奇·波波夫在俄国物理化学学会上第一次公开表演了他所发明的名叫"雷电指示器"的无线电接收器。他在1896年的同学会上表演了距离为250米的无线电通信。但不久意大利科学家马克尼用电磁波进行无线通信实验，并申请了专利。

## 最早发明元素周期表的人

世界上最早的一张元素周期表是由俄国化学家门捷列夫于1869年3月提出的，这一发明为化学的发展作出了重要贡献。

门捷列夫曾写过著名的化学专著《化学原理》。在写这部书的过程中，他深入探索了元素性质之间的关系，并对所有已知元素按照原子量大小的顺序进行了排列，试图研究出元素性质的变化规律。正是在这一实践的基础上，他提出了化学元素周期表的构思。元素周期表的发明，得到了科学界的一致认可，为化学的理论研究奠定了基础。

俄国著名化学家门捷列夫发明的元素周期表为近现代化学注入了新的血液。

## 发现化学元素最多的化学家

英国著名化学家汉弗莱·戴维，在短短的两年时间里通过实验发现了8种元素，其中包括钾、钠、钙、钡、镁等重要金属元素，堪称世界上发现化学元素最多的人。22岁的时候汉弗莱·戴维就已经发表了有关气体研究的专著，并被聘到英国皇家研究院担任重要职务。在化学研究过程中，他采用电解的方法分解了多种化合物，使科学界大为震惊，因为这些化合物在当时被认为是不可再分解的。他的这些发现为化学的发展作出了极大的贡献。

## 最硬的物质——金刚石

金刚石是世上最美丽的矿物质，也是硬度最高的物质，有"硬度之王"的美称。

金刚石被广泛地应用于机械、电气、航空、精密仪器仪表和国防等众多工业部门。人们通常用它来制作高速切削用的车刀和钻孔器，或者制作切割各种玻璃的玻璃刀。人们还用金刚石制成野外勘探的勘探头。金刚石除了坚硬的质地以外，还是良好的半导体，可应用于各种尖端科学技术，对科技的发展起了巨大的促进作用。

## 最轻的化学元素——氢

人们经常向空中放飞五颜六色的气球来庆祝节日的来临。这些气球为什么能轻盈地飘荡在天空中而不降落呢？这是因为它们的"肚子"里面充满了氢气。所有化学元素中最轻的就是氢了。在标准条件下，氢气的密度是0.089克/升。

在地球上，氢主要以水的形式存在，是自然界中非常普遍的一种元素。18世纪80年代，法国化学家拉瓦锡为它取名为Hydrogen。1783年，氢气第一次应用在工业中，现在氢气已成为人们生产和生活中离不开的重要能源了。

## 最重的金属——锇

锇是世界上最重的金属，它呈灰蓝色，密度为22.48克/立方厘米。我们平时认为很重的金属如铁、铅等物质，跟它比起来就相形见绌了。举个例子来说，同样体积的铁的重量是锇的1/3，同样体积

的铅的重量也只是锇的1/2。除了重量这一最主要的特性之外,锇还非常耐磨,人们根据这种性质用它来做钢笔的笔尖,我们平时常用的铱金笔,笔尖上那个银白色的小圆粒就是金属锇的合金。除此之外,锇还是重要的工业原料。

## 最轻的金属——锂

1817年瑞士化学家阿尔费特森发现了自然界中最轻的金属元素锂。锂是一种具有银白色光泽的金属,密度仅为0.534克/立方厘米,有人曾举了这样一个例子:如果用锂做一个火车头的话,只要两个人就可以轻而易举地将它抬起来,这形象地说明了锂元素重量极轻的物理性质。

由于具有比重轻、柔软性高等特性,锂在工业中的用途十分广泛。比如在制造玻璃的时候,如果加入一些锂,就可以增加玻璃的韧性。锂元素可以用来做充电锂电池,锂元素的这些用途为人们的生活提供了极大的方便。

## 地壳中含量最多的元素——氧

氧是地壳中含量最多的元素,在空气中约占空气总体积的1/5,而在地壳中氧元素的含量为48.6%。氧气是一种无色无味的气体,人们通常所说的氧,一般意义上就是指氧气。氧是参与人体以及各种动植物体的物质代谢和能量代谢的基本物质,是所有生物所赖以生存的最重要的物质。氧除了对动植物体有重要意义外,在工业以及医学上用途也十分广泛。在工业中，氧气可用以获得高温火焰，所以常常被用来切割金属等硬度比较大的物质。此外，在医院里抢救病人也离不开氧气。就连被我们誉为生命之源的水，其组成成分中大部分也是氧。作为一种重要的元素，氧在我们的生活中有重要作用，如果离开了氧，我们的生命活动和生产活动将无法进行。

## 地壳中含量最多的金属元素

铝是我们日常生活中最常见和接触最多的金属，我们平时所用的日常生活用具很多都是用铝制成的。铝的含量占地壳总量的7.51%，是铁含量的2倍，大约占地壳中金属元素总量的1/3，自铝被发现之后，在短短一百多年中，为人类的发展作出了巨大的贡献。铝由于密度小、导电导热性能好，常被人用来做导电导热材料，而且铝的合金也是制造工业产品不可缺少的原料之一。由于储量丰富、容易提炼，铝越来越广泛地被人们在生产生活之中所利用。

## 世界公布的首例艾滋病

美国疾病控制中心在1981年6月向全世界公布了首例艾滋病，并把此症命名为"获得性免疫缺陷综合征"。艾滋病这种严重危害人类生命的疾病一经公布，便立即引起了全世界各国生物学家和医学家的高度重视。1988年2月1日，世界卫生组织成立了全球预防艾滋病规划处（GDA），以便指导和协调全球预防艾滋病的工作。此外，世界卫生组织还同联合国开发计划署（UNDP）结成联盟，联合开展对抗艾滋病的行动。

目前，艾滋病的研究已经取得了长足进展。生物学界已成功地分离出了艾滋病毒，并把它命名为"人类免疫缺陷病毒（简称HIV）"。总之，随着科学和医学的发展，人们一定能凭借自身智慧攻克艾滋病毒。

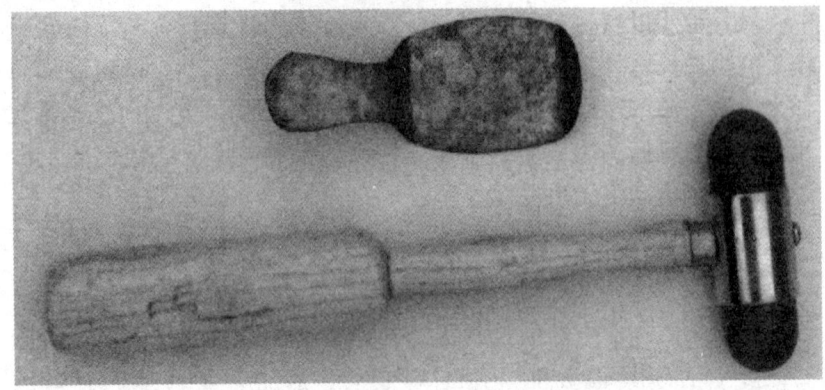

叩诊锤是医生在叩诊时所使用的工具。主要是用来敲击病人身体某个部位或关节。

## 最早的叩诊

最早的叩诊流行于19世纪初的法国。医生通过用手指叩击人体的某一部位，根据各部位密度、质地及其内部的器官中气体和液体含量的不同所产生的各种不同的声音，来判断各器官的生理状况。

1818年，人们又在直接叩诊法的基础上，创造了叩诊板和叩诊锤，叩诊法由此广泛应用于医学。

1838年，维也纳著名医生克斯科达将声学原理应用于叩诊的研究，深入系统地对出现不同叩击声音的原因进行了阐述。叩诊已成为现代临床医学常用的一种物理诊断方法。

## 最早的听诊器

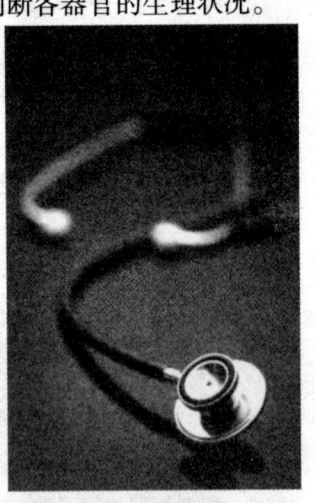

160多年前，法国医生勒内·雷奈克发明了世界上最早的听诊器。由于在看病的过程中，医生经常需要听听病人的心跳和呼吸，雷奈克便一直想找一种能够将心跳声传入耳朵的装置。

听诊器类型目前有单用听诊器、双用听诊器、三用听诊器、立式听诊器、多用听诊器以及最新出现的电子听诊器。

有一天，他看到一群孩子正围着一堆木头玩耍。其中一个人用大铁钉在木头的一端敲打，其他人在另一端把耳朵贴在木头上听，大家玩得十分开心。于是，他也去听了听，发现敲击木头的声音可以很清晰地传过来。受到这个游戏的启发，他自制了一个木管子，贴在病人的胸口听，发现效果很好。于是，他就仿照木管子，做了一个喇叭形的象牙管，再安上两根柔软的管子，这样，世界上第一个听诊器就诞生了。

##  最早的麻醉剂——麻沸散

麻醉剂是进行外科手术所不可缺少的药剂。它的使用可以大大减轻人们在手术中的痛苦。我国东汉时期的名医华佗发明的麻沸散是世界上最早的麻醉剂。麻沸散的发明，对外科医学具有划时代的意义。华佗发明的麻沸散有着详实的史料记载，并得到了国际医学界的公认。在美国人拉瓦尔所著的《药学四千年》一书中曾对麻沸散的成分进行了研究分析，他说："中国的华佗，曾运用这一技术，把一些含有乌头、曼陀罗及其他草药的混合物应用于此目的。"也有研究者认为，医书《华佗神方》中记载的麻沸散，其成分为羊踯躅、茉莉花根、当归、菖蒲4味药。

## 最早发现病菌的人

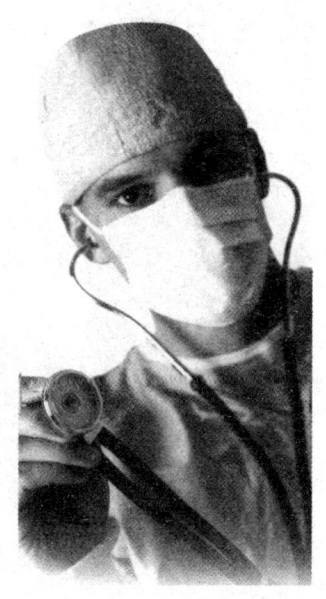

法国生物学家巴斯德最早发现了病菌的存在。1865年，整个欧洲都蔓延着一种可怕的疾病，这种病主要出现在农民养的蚕身上，它导致蚕大批大批地死掉。巴斯德在研究病因的时候，发现在蚕和桑叶上生存着一种微生物，这种微生物能够游动，而且繁殖得非常快。他让农民把生了病的蚕和蚕接触过的桑叶统统烧掉，才使这种流行疾病得到了有效控制。

在这次灾难性的事件中，巴斯德发现了一种能够导致人类病痛的微生物，他把这种微生物取名叫"病菌"。此后，他又发现了多种致病的病菌，并找到了相应的治疗办法，为人类的健康事业作出了巨大贡献。

## 第一个发现癌病毒的人

美国纽约市洛克菲勒研究所的内科医生和病毒专家弗朗西斯·佩顿·劳斯是第一个发现癌症病毒的人，同时他还提出了癌性肿瘤是病毒所致的观点。

1910年的一天，一位养鸡人送给劳斯一只有癌性肿瘤的鸡。他从这只鸡的癌性肿瘤中抽出传染物，又注到另外几只健康鸡体内，于是那几只健康鸡也传染上了癌症。劳斯医生认为，既然这种污染物能穿透很薄的薄膜，那么该传染物应是所有微生物中最小的病毒。劳斯的研究成果在科学界引起了巨大的争议。人类目前的医学水平还无法证明癌症的可传染性，因此人们也不必过于惊慌。

图为劳斯进行科学研究的场景。

##  最早进行心脏移植手术的医生

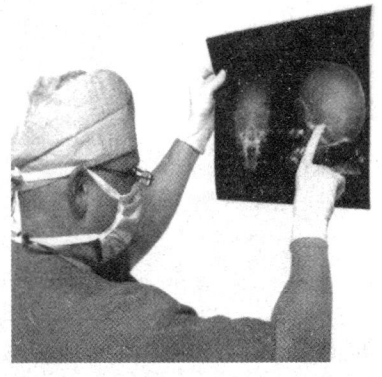

克里斯琴·巴纳德医生是在现代医学发展史上最早进行心脏移植手术的医生。1967年，他在南非成功地进行了医学史上首例心脏移植手术。当时，一名年轻女子由于车祸在医院里被宣布脑死亡，但是她的心脏仍然处于良好的状态。巴纳德医生当即决定为自己的一名心脏病患者进行心脏移植手术。手术取得了巨大成功，虽然这位病人在接受手术之后的第19天就因感染肺炎去世了，然而，这毕竟是人类医学史上第一例心脏移植手术。巴纳德医生敢于将心脏进行移植，并最终取得成功的勇气、胆识和高超的技术，受到医学界的一片赞誉。

##  最早做角膜移植手术的人

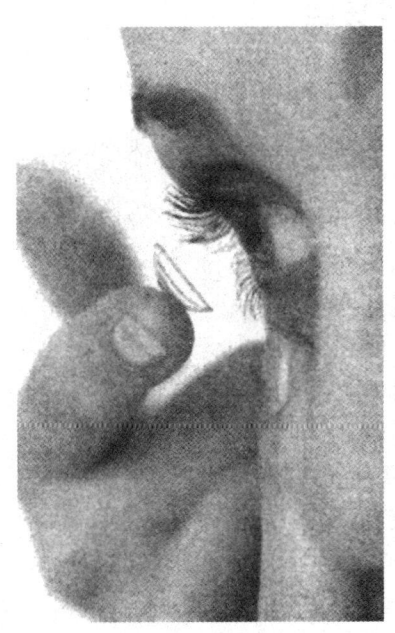

眼睛在人的生命活动中具有重要作用，眼睛出现疾病，人犹如进入黑暗一般。眼角膜是眼球表面的一层透明膜，我们通过它来观察外面的世界。但眼角膜非常容易受到损伤。据统计，世界上因为角膜发生病变而失明的人多达五百多万。

为了使这些失明者重见光明，就必须给他们进行角膜移植手术。1906年眼科医生席姆成功地进行了世界上第一例角膜移植手术。当时，有一个因为眼受伤的病人必须做摘除眼球的手术，席姆觉得这些完整的角膜还可以在别人的身上继

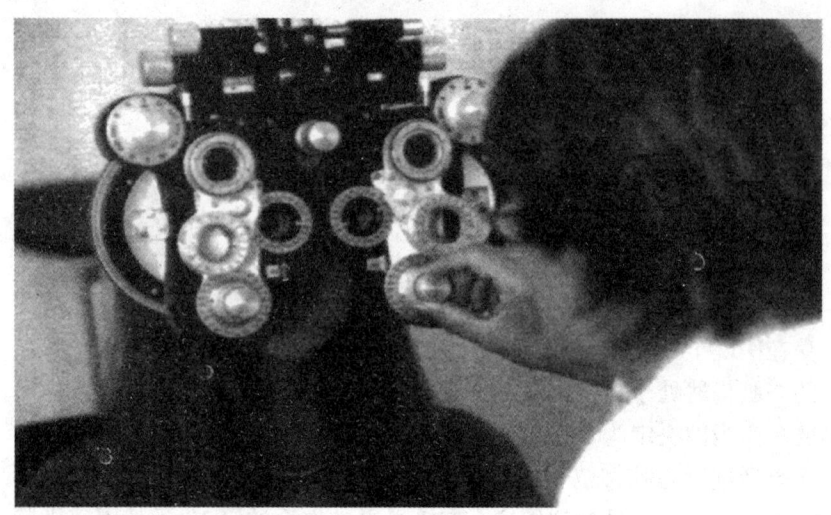

视力检查可及时发现眼疾,视力是眼睛的生命,所有的护眼工作全都为了维护良好的视力。

续存活下去。于是,席姆就把他的角膜摘了下来,移植给一个患有角膜溃疡的病人,这个手术最终获得成功。在那之后,通过席姆的努力,许多眼病患者摆脱了黑暗,走向了光明。

## 最早的试管婴儿——露易丝

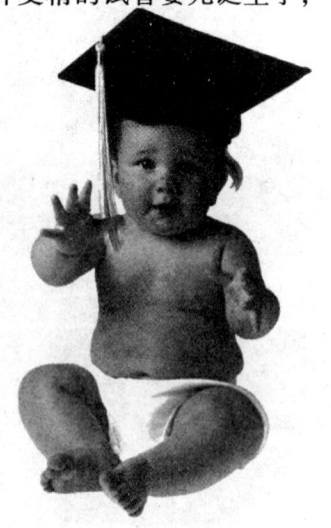

1978年7月25日,世界上第一个体外受精的试管婴儿诞生了,她的名字叫露易丝,是伦敦的一对夫妇——莱斯利·布朗和她的丈夫约翰的孩子。布朗夫人由于输卵管有缺陷而不能受孕,奥德海姆中心医院的爱德华和斯特普托大夫便通过手术将卵细胞从卵巢内取出,放在实验用的试管里并使之与精子结合,然后将胚胎植入布朗夫人的子宫内,从而使胚胎在子宫内得以正常发育。这个试管婴儿通过剖腹产降生,刚出生时大约重2.6千克,非常健康,露易丝也因此成为人类历史上第一个"试管婴儿"。

## 最早的克隆羊——多莉

世界上第一只克隆羊——"多莉",诞生于1996年7月5日。它是第一只无性繁殖成功的动物。它的生命诞生过程是在没有精子参与下完成的,可以说"多莉"是世界上第一只真正用克隆技术催生出的哺乳动物。

"克隆"一词是指人工诱导的无性繁殖,动物克隆试验的成功在细胞工程方面具有划时代的意义。"多莉"的诞生意味着人类可以利用动物的一个组织细胞,生产出很多与母体相同的生命体。这种繁殖方式打破了两性繁殖的传统行为,是基因研究工程领域的一大突破。"多莉"的问世给全世界带来了巨大的震撼。

## 最早的记数方法——结绳计数

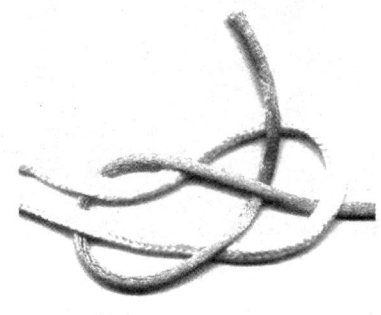

"结绳计数"是远古人最常用的计数方法,数字尚未发明时,人们在计数的时候,只有借助外物的帮助才能完成。所谓"结绳计数"就是用打绳结的办法来记录物体的数量。除了物体的数量,人们还用打绳结的方法来记录日期。另外,远古时代的人们还发明了很多其他的计数方法,例如用利器在骨头上刻下痕迹来计数。但"结绳计数"的方法最为方便可行,成了远古人们广泛使用的计数方法。

## 最早的计算器——算盘

算盘可以说是我国古代劳动人民的伟大发明之一,它是世界上最早的计算器。在我国,算盘的发展有着悠久的历史,它从最初诞生到广泛应用,经历了上千年的演变。直到唐代,我们才看到现在

所使用的算盘。明朝后期，我国的算盘传到了日本、朝鲜等地，为世界人民的学习和生活带来了便利。

##  最先创立微积分的人

在1684年以前，牛顿没有正式发表过有关微积分的论文。不过，在1655年—1678年，牛顿曾把自己研究的结果告诉给朋友，并于1669年，把题为《运用无穷多项方程的分析学》的小册子分送给曾经在学术上给过自己启发的朋友，这本书在1771年正式出版。

莱布尼茨于1672年访问巴黎，第二年访问伦敦，并且和一些指导牛顿工作的数学家通信。直到1684年，莱布尼茨才正式发表了微积分的著作。于是，英国数学家指责莱布尼茨为剽窃者。

后来经过调查核实，原来牛顿和莱布尼茨都曾受前人观点的启发，各自先后在研究不同问题的同时建立了微积分，只不过两个人的文章发表的时间不同。因此说最早创立微积分的人是牛顿和莱布尼茨。微积分的创立是继欧几里得开创几何以后，数学史上又一个重要的里程碑。

## 最早的女数学家——海帕西娅

海帕西娅在亚历山大里亚出生，她的父亲是个数学家。海帕西娅对自然、哲学都很有兴趣，在数学上也有很高的造诣。她对柏拉图、亚里士多德和其他许多古希腊哲学家的不少著作作了注释，写了许多有关数学和天文学的论文，对古希腊大数学家阿波罗尼斯的圆锥曲线理论作了详细的阐述。此外她还发明了星盘。令人惋惜的是，这位女数学家和天文学家的著作大部分已经失传。

## 最早测算地球周长的人

人类对于宇宙的探索从诞生的那一刻起就不曾停止过。作为人类栖息地的地球是一切科学探索的起点。古希腊哲学家埃拉托斯梯涅斯最先测算出了地球的长度。在古代，人们普遍认为地球是方的，埃拉托斯梯涅斯却提出了与之不同的观点。他发现在每年夏至这一天，位于北回归线上的古城诺涅正好位于太阳的正下方，所有的物体都没有了影子。但就在同一时刻，距离诺涅约800千米的亚历山大

从古代开始人类便对生活中的地球进行探索，至今仍未停止，通过探索人们对地球的认知也不断地加深。

里亚城中，物体在太阳光的照射下都有影子。由此，埃拉托斯梯涅斯得出了一个结论——地球并不是方形，而是有一定弯度的。经过一番推算，他最终得出地球周长为46240千米的结论。这一结论和我们现在所测量出来的40076.5938千米有一定的差距，但从当时的条件分析，得出这个数据已经非常难得了。

## 最早的电视——贝尔德电视

苏格兰发明家约翰·贝尔德在1926年1月27日向伦敦皇家学院的院士们展示了他称之为"电视"的机器，这种新型的机器能够通过无线电传递活动图像。它不同于传统的电影放映机，是通过电子方法将图像显示在阴极射线管上的。一些观察家看完表演后认为，图像的质量不如电影，但他们也都承认这一发明仪是一个起始阶段。贝尔德从小就对物理表现出极大的兴趣。大学毕业后，他开始了对远距离图像传送这一课题的研究。最终贝尔德成功地把图像传送到大西洋彼岸的美国，实现了图像的远距离传送，拉开了卫星电视的序幕，他被人们称为"电视之父"。

贝尔德一直致力于用机械扫描法传输电视图像。1925年10月2日，他终于制造出了第一台能传输图像的机械式电视机，这就是电视的雏形。

## 最早的软盘

软盘在电脑中具有至关重要的作用，它具有良好的存储功能，可以对小数量数据进行存储和备份。在日常生活中，软盘能够帮助使用者交流、移动电脑中的资料等，其作用不容小视。

1971年，IBM公司的工程师在阿兰·舒格特的带领下，成功研制

出了世界上第一张软盘。由于这种盘具有良好的柔韧性，所以被命名为软盘。在此之后，人们不断地对软盘进行改进。于1976年创造出了一种5英寸软盘和相应的驱动器。这种体积小、性能卓越的软盘的出现使IBM公司的产品开发得以加快进行，配有相应驱动器的电脑一经面世就轰动了全球。

 ## 最早的滑翔机

千百年来，人们总在梦想着有一天能像天空中的鸟一样自由地飞翔。19世纪，德国滑翔机专家奥托·利连撒尔经过多年的试验和研究，终于想出了一种能让人类实现飞行梦想的办法。受鸟类飞行原理的启发，利连撒尔也给自己安上了两只大翅膀，并于1891年首次滑翔成功。在此后的5年中，他又不断地改进滑翔机，在空中进行了两千多次飞行。虽然今天世界上已经有各种各样的飞机，但很多滑翔机爱好者仍然把借助滑翔机的飞行看做是真正的"飞翔"。因为在驾驶滑翔机时，人的身体本身就是滑翔机的组成部分，用滑翔机在空中展翅才会有"飞翔"的感觉。

## 最早的动力飞机

美国莱特兄弟发明了世界上第一架有动力的飞机。莱特兄弟俩在没有受过高等教育和缺乏资金的前提下，凭借火一样的热情和百折不挠的毅力实现了人类飞上天空的梦想。在成功试验风筝和滑翔

机飞行之后,莱特兄弟又开始了长达 3 年的研究工作。在这 3 年里,他们共进行了 3 次试验并记录了详细的数据,在不断地修改和改进后,试验取得了初步的成功,他们终于制造出了人类历史上第一架有动力的飞机——"飞行者"号。1903 年 12 月 17 日,这架"飞行者"号成功实现了人类历史上第一次动力载人飞行。

## 最早的超音速飞行

1947 年 10 月 14 日,美国空军上尉 C·E·耶格尔驾驶一架美国贝尔 XS-1 型装有火箭发动机的飞机飞越了加利福尼亚州爱德华兹空军基地。在飞行中,这架飞机以 1.015 马赫数的时速(即时速 1078.23 千米)飞翔在 12801.6 米的高空中,创造了世界上第一次超音速飞行的纪录。耶格尔在 1986 年 2 月又驾驶一架轻型飞机,仅用了 5 小时 23 分即从加利福尼亚州的伯班克飞到了纽约的拉瓜迪亚机场,又创造了一项新的纪录,即用 5896.8 千克的涡轮机推进的商用飞机高速飞行的纪录。

美国的女飞行员 J·科克伦在 1953 年 5 月 18 日,驾驶一架 F—86 佩刀式喷气机成功完成了飞行。这架被命名为"北美人号"的飞机飞行时速达到 1049.26 千米。科克

伦也成为世界上第一位进行超音速飞行的女性。

## 首次绕极地飞行的人

1971年11月5日,44岁的E·M·朗开始绕极地飞行的历程,至同年12月3日共飞行了215个小时,全程57767.43千米。他在飞行过程中克服了许多困难,当飞机飞越南极时,机舱内的气温一度下降到－72℃。他是第一个绕极地飞行的人。此后,美国航空公司的机长R·诺顿在一次名叫"北极燕鸥"的飞行中,和欧洲空间机构卫星导航系统负责人C·罗塞蒂一起驾驶一架PA－46－310P单发动飞机,从巴黎开始飞,越过南北极又回到了巴黎,全程55266.58千米,共耗时185小时41分钟。

## 最早发射成功的载人飞船

1961年4月12日,苏联成功进行了世界上第一次载人太空飞行。空军少校尤里·加加林(1934年—1968年)就是首位乘坐人造卫星进行太空飞行的人。这次飞行,他乘坐"东方1号"飞船进行了一次长达108分钟的地球单轨飞

行。飞船的飞行最大高度为327千米,最大速度为每小时28259.3千米,飞船共飞行了40867.4千米。在早期发射载人飞船的过程中,1986年1月28日,美国"挑战者号"航天飞机的爆炸是人类航天史上最为悲惨的一次事故,7名宇航员全部丧生。虽然已出现过多次航天悲剧,但这些悲剧并不能阻止人类探索宇宙的脚步。

## 最早飞上太空的宇航员

苏联的空军少校尤里·加加林是世界上最早飞上太空的宇航员,他于1961年4月12日,在拜克努尔发射场,乘坐"东方1号"宇

宙飞船飞入太空，从而成为人类历史上最早进入太空飞行的人。

"东方1号"宇宙飞船绕地球轨道飞行了108分钟，其中有89分钟尤里·加加林处于失重状态。但加加林的身体没有受到任何损伤。他在从宇宙飞船里向地球发回的报告中写道："飞行正常，经受失重状况的情况良好。"

加加林用自己的亲身经历向人们证明：人体机能完全能够适应太空中失重状态下的环境。

非常不幸的是，加加林在1968年3月的一次飞机失事中遇难，年仅34岁。人们为了纪念这位伟大的宇航员，在莫斯科繁华的列宁大街上矗立起他的雕像，供后代瞻仰。

##  最早的女宇航员

世界上第一位女宇航员是苏联的瓦莲京娜·捷列什科娃少尉，她于1937年3月6日出生。1963年6月16日格林尼治时间9时30分，她乘坐"东方6号"宇宙飞船在拜克努尔宇宙飞行场起飞，成为第一位进入太空的女性。她在距离地面233千米的地方环绕地球飞行48圈以后，于1963年6月19日8时16分平安着陆。整个过程共耗时70小时50分钟。

捷列什科娃执行的飞行任务是考察宇宙飞船操纵系统的性能，同时也为宇宙飞行条件下女性生理变化情况的研究提供依据。

在返回地面以后,她的身体状况良好,没有发生任何异常变化。捷列什科娃后来还生育了一个女儿。2000年10月9日,捷列什科娃被英国"年度妇女"国际学会授予了"20世纪女性"的荣誉称号。

## 最早在太空漫步的人

最早在太空漫步的人是苏联的A·列昂诺夫中校与D·别利亚耶夫。他们于1965年3月18日一起乘"上升2号"宇宙飞船在拜克努尔升空。

列昂诺夫于格林尼治时间8时30分离开坐椅,穿好宇航服,身背氧气筒,经过连接在宇宙飞船一端的一个气闸室,走出飞船船舱,进入了宇宙空间。由于处于失重状态,飞船和宇航员在空间不是走,而是在飘。稍不留神,宇航员就会永远飘离飞船。为了保证宇航员的安全,必须用一根长5米的缆索把宇航员紧紧拴住。舱内外两名

宇航员可以借助缆索中的电话线通话，舱外宇航员在宇宙空间的一切生理测量数据也能通过电缆线传回坐舱并发回地球。列昂诺夫在空中停留了 20 分钟后，由原通道回到了舱内。他在 20 分钟内有 12 分 9 秒是飘着的。从发回的电视图像上能看出他在太空中的动作十分笨拙和滑稽。这次飞行证实了人可以在宇宙空间中停留并进行活动，为以后的宇宙航行积累了宝贵的经验。

## 最先登月的人

美国宇航员 N·阿姆斯特朗是世界上第一个登上月球的人，经过 100 小时的飞行，他和他的同伴 E·奥尔德林乘坐"阿波罗 11 号"宇宙飞船到达了月球表面。登月舱在月球表面着陆后慢慢打开着陆架。1969 年 7 月 21 日格林尼治时间 2 时 56 分，当时任飞行指令长的阿姆斯特朗爬出登月舱的气闸室舱门，在进出口台上站了几分钟后，便开始试探性地沿着着陆架上

的扶梯走向月面。他在扶梯上每走一级都要稍微停留一下，以便使自己适应月球的重力环境。当他成功地站在了月球表面时，通过无线电对地球上的指挥中心说道："这是我迈出的一小步，却是人类迈出的一大步。"人类的脚印第一次印在了月球的表面上。人类登月的成功开创了人类进行空间探索的新纪元，阿姆斯特朗也因此被人们永远纪念。

人类第一次登上了月球，终于实现了千百年来人们飞天奔月的梦想。

##  第一艘空间渡船

1977年一种兼有航天器和航空飞机两种特性的大型运载工具在美国国家宇航局诞生了，这种运载工具被人们称为"空间渡船"。这种飞船使身体健康的普通人遨游太空的梦想成为现实。

美国宇航局于1977年8月12日上午，在加利福尼亚州莫哈维沙漠上空进行了航天飞机的首次大气试验飞行。这架被命名为"企业号"的航天飞机由一架波音747型飞机托载飞到了6736米的高

空，指令长海斯将一组起爆器点燃，使航天飞机脱离了母机。驾驶员随后驾驶它绕了一个大圈。最后，飞船在爱德华兹空军基地安全降落。

## 最早的国际空间站——"礼炮1号"

苏联发射升空的"礼炮1号"是世界上第一个空间站，它的顺利升空标志着人类在艰难的太空探险道路上又迈进了一步。

"礼炮1号"空间站于1971年4月19日顺利地进入了预期的运行轨道，开始了艰辛的太空探索旅程。这座空间站整体呈不规则的圆柱形，总长约12.5米，最大直径4米，总重约18500千克，由轨道舱、服务舱和对接舱三个部分组成。"礼炮1号"升空之后，在距地球大约二百多千米远的轨道上运行，站内装有的试验设备种类齐全，包括照相摄影设备和科学实验设备等等。它与"联盟号"载人宇宙飞船成功对接，合成一个容积约有100立方米的居住舱，可同时容纳6名宇航员居住。"礼炮1号"空间站在太空运行了6个月，相继与"联盟10号""联盟11号"两艘飞船对接组成轨道联合体。1971年10月11日，"礼炮1号"完成使命后在太平洋上空坠毁。

# 人文社会之最
RENWENSHEHUI ZHI ZUI

## 最早的邮票——黑便士邮票

关于世界上第一枚邮票的问世，曾流传着这样一个故事：一天，罗兰·希尔在乡间散步时，看到一个邮递员把一封信交给一个姑娘，那姑娘接过信看了一下就把信塞回给邮递员，执意不肯收下。希尔就问她不收这封信的原因。姑娘悲伤地告诉他，这封信来自她远方的未婚夫，因为邮资昂贵，他们约好，只在信封上做个记号表示"平安"，就可以不花钱收到消息。这一事件，使希尔下决心对邮政制度进行改革。于是他向英国政府建议：今后凡是寄信，必须由寄信人购买邮票，贴在信封上，作为邮资已付的凭证。1840年5月1日，在罗兰·希尔的提议和促进下，世界上第一枚邮票正式发行，并于5天后开始使用。邮票的图案为英国维多利亚女王侧面浮雕像，黑色，面值一便士，人们称之为"黑便士邮票"。罗兰·希尔对邮政事业的改革和发展作出了很大的贡献，所以被人们誉为"近代邮政之父"。

## 最大的油库——波斯湾

中东波斯湾地区是世界上产油最多的地区，在那里布满了大大小小的油田，无论是沙漠边缘还是波斯湾海边，石油的产量都很高。因此人们称中东为"浸泡在油海中的世界油库"。中东波斯湾地区纵横交错的输油管道、闪着银光的油罐、鳞次栉比的钻井架，还有在这里穿梭不息的超大油轮，构成了波斯湾富有而繁忙的景象。

中东波斯湾的储油量是十分惊人的，1982年探明的数据显示，它的储油量达到

497亿吨，相当于世界总量的54%，仅沙特阿拉伯一国的储油量就占据了世界总储油量的1/4。所以称中东波斯湾为"世界油库"是名副其实的。

## 最大的金库

美国纽约华尔街上的联邦储备银行是世界上最大的金库。它的服务对象是世界各国的银行，因而被人们称为"银行中的银行"。在它的地下室里储藏着堆积如山的黄金，这些黄金加在一起，共有$13 \times 10^6$千克重，因此有"世界上最大的金库"的美称。金库大概有半个足球场那么大，分成122个密室，各个国家的黄金集中放在一个密室中。当在这个库中存有黄金的国家之间达成黄金交易的时候，只要通知该库，金库就会马上派人如数地将黄金从卖主的密室转入买主的密室中，这样也就完成了所有权的变化。金库只有一个入口，且入口处有一道精心设计的"机关门"。这个门是由$9 \times 10^4$千克重的

钢铁圆柱体和 $14×10^4$ 千克重的钢铁框架所组成。这道钢门由多道机关控制，陌生人或不熟悉的人是很难打开的。这家银行还有一支庞大的警卫部队，并且拥有先进的电子监视系统，安全性非常高，保证了金库正常的工作。

##  最早的中央银行——阿尔托银行

阿尔托银行是世界上最早的中央银行。它是1584年6月由威尼斯参议院授权建立的，并在1587年4月开业。在近代早期，意大利地区的商业贸易就十分发达。商品批发贸易源源不断，迫切需要建立大的正规银行。1575年后，由于许多私人银行经常破产或者陷入严重困境，政府开始扶植公立银行，以保证和监督经营存贷款业务的银行，阿尔托银行便应运而生。它的主要职能是：接受和支付存款，为存款户进行转账，为顾客开汇票。阿尔托银行的建立方便了商人进行贸易，保证了贸易的快捷、顺利、方便。

后来，意大利的许多城市经政府批准都建立起了类似阿尔托银行这样的中央银行。

## 最早的股票交易所

最早的股票交易所阿姆斯特朗股票交易所与荷兰东印度公司有直接的关系。荷兰东印度公司于1602年成立，凭借着强大的武装在海上进行贸易。为了扩大贸易，荷兰东印度公司将股票卖给阿姆斯特丹的市民。由于这些股票的股息丰厚，所以人们争相购买。在这种形势下，阿姆斯特丹股票交易所便于1611年正式成立了，这是世界上最早的股票交易所。它成立之初的主要业务是买卖荷兰东印度公司的股

票。交易所是由亨·彼·伯拉治设计的一座全红砖建筑物,这个建筑以其明快的线条和朴素外表著称于世。

## 产锑最多的国家——中国

中国是世界上锑矿储量最大的国家,也是世界上产锑最多的国家。在中国的广东、湖南、广西、贵州、云南、四川等省分布着大量的锑矿,其中锑矿储量最大的地方是湖南省新化县锡矿山,因此人们也把新化县称为"世界锑都"。

湖南新化县的矿石主要是有锡一般的金属光泽的辉锑矿,这种矿石的化学成分是三硫化二锑,含锑量超过20%。在工业上,人们用碳作还原剂来与辉锑矿产生还原反应,得到金属锑。

锑是一种银灰色的金属,它的熔点较低,此外锑这种金属非常脆，有热缩冷胀的性质，大多用来与铅一起制成合金使用。它还可与其他金属制成不列颠合金，用于制造轴承。此外，锑的化合物用途很广泛，三硫化锑或五硫化锑可以用做火柴盒的摩擦剂。在橡胶工业上，五硫化二锑可充当着色剂。在医药上，可以用锑来制造许多药物，如可以用有锑的有机化合物来制造一些特效药，这些药可以治疗肺病、血吸虫病、黑热病等疾病。锑的一些硫化物和氧化物还可以当做颜料使用。此外，硫化锑也是半导体的重要材料。

## 产石棉最多的国家——加拿大

石棉在工业上的用途十分广泛，可以织成纱、线、绳、布、盘根等，作为传动、保温、隔热、绝缘等部件的材料或衬料，在建筑上主要用来制成石棉板，石棉纸防火板，保温管和窑垫，以及保温、防热、绝缘、隔音等材料。

加拿大是世界上产石棉最多的国家。加拿大有着丰富的矿藏资源，它的矿产量居世界前列。其中石棉、白银、锌、镍的产量居世界第一位；铜、钾碱、石膏、硫磺的产量居世界第二位；铬、钴、铂、钼、钍、铋、钾盐等矿物储藏量也都很高。但这些矿物多数分布在北极圈内，所以不易开采。只有石油、天然气、石棉、黄金、白银、铜、铁、镍、锌、铀、铂等六十余种矿物可开发生产。加拿大已探明的原油储量为80亿桶。1996年产煤量约7580万吨。到目前为止，加拿大已建成了19个核电站，另有3个正在建设中。

## 最古老的法典

《汉穆拉比法典》是世界上最古老的法典，它是公元前18世纪古巴比伦国王汉穆拉比颁布的。法典是在伊朗西南部的一个椭圆形的石柱上被发现的，因此也被称为"石柱法"。该法典分为序言、正文和结论三个部分，内容比较广泛，涉及财产、债务、婚姻、继承、侵犯人身行为等方面，还规定自由人和奴隶的地位是不平等的，这反映了早期奴隶制的特点。《汉穆拉比法典》是古巴比伦社会情况的客观反映，是研究古巴比伦王国的重要史料。这部有三千八百多年历史的法典现存于巴黎卢浮宫博物馆。

##  最早的一部成文宪法

美国 1787 年颁布的宪法是世界上最早的一部成文宪法。美国在独立战争后，建立了联邦国家。政权建立初期，美国的内政外交很不稳定，于是各联邦决定召开制宪会议来加强统治。1787 年 5 月，各代表开始讨论宪法草案，1789 年，正式宣布这一宪法为《美利坚合众国宪法》。宪法由序言和 7 条正文组成。这部宪法以"三权分立"作为政府组织的原则。它规定：国会具有联邦立法权，国会由参议院和众

议院组成；国家的行政权属于总统，总统任期为 4 年，由选举产生；联邦最高法院具有联邦最高的司法权。美国宪法所确定的"三权分立"的管理形式，对后来的许多资本主义国家制定宪法产生了重大影响。1787 年的美国宪法既巩固了美国的国家统治，也对美国政治、经济发展起到了积极的作用。

## 世界上第一位女总理

"巾帼英雄""巾帼不让须眉"……随着社会的发展，女性发挥着越来越重要的作用，甚至在政治中，也有让人称颂的女政治家。如斯里兰卡的西丽玛沃·班达拉奈克夫人，她曾先后 3 次当选为总理，领导执政党 40 年之久。

西丽玛沃是斯里兰卡自由党创始人班达拉奈克的夫人，1916 年出生于斯里兰卡贵族家庭，她早年毕业于科伦坡圣比里奇女校。

1940年与当时任卫生和地方行政部长的所·班达拉奈克结婚，开始参加社会和政治活动，曾担任佛教妇女联合会和文化协会负责人。

1959年，身为总理的丈夫遇刺身亡，班达拉奈克夫人悲痛过后，毅然挑起了执政的大梁。1960年，她当选为斯里兰卡自由党主席。随后，自由党在大选中获胜，班达拉奈克夫人出任总理兼国防和外交部长，成为世界上第一位女总理，比著名的英国首相撒切尔夫人和印度总理甘地夫人还要早，开创了女性从政的先河。

班达拉奈克夫人执政后，继承丈夫热爱和平的政治理念，领导自由党进行着不懈的斗争。她用家庭妇女的生活哲学管理国家："不要只到一个店的老板那里去买东西，要么到所有的老板那里去买，

班达拉奈克夫人在国际社会拥有"班夫人"的专用称谓。她在政坛纵横驰骋的40年里,曾三度出任总理。而她与班达拉奈克家族的兴衰史就是一部斯里兰卡的现代政治发展史。

要么就不向任何一个老板买。""当两只狗打架时不要插手,让它们互相咬去吧!"这样朴素的哲理很管用,但本性腼腆的她却从此成为激进分子和敌对党派仇视的对象,生活不得安宁。在斯里兰卡首都科伦坡有一个大坑,就是暗杀女总理时留下的。

政治的道路对谁都不是一帆风顺的。1965年,班达拉奈克夫人在竞选中落败,沦为反对派。直到1970年才东山再起,又一次出任总理,这次一干就是7年。在她执政期间,她将国名由"锡兰"改为"斯里兰卡共和国",并推行了国有化运动。随即,她的政治生涯迎来了又一个低潮期,1980年,她被议会以"滥用职权"的罪名剥夺一切权利,直到6年后才恢复;1988年,她参加总统大选又以微弱差距落败。直到1994年,她的女儿库马拉通加夫人当选为总统,为了辅助权位未稳的女儿,班达拉奈克夫人不顾多病的身体再次出任总理一职。

2000年10月10日上午,班达拉奈克夫人在距科伦坡20千米的阿塔纳加勒选区参加完新一届议会选举投票,之后,由其子阿努拉陪伴返回科伦坡的途中心脏病突发,不幸辞世,享年84岁。

## 最畅销的书——《圣经》

《圣经》是全球发行量最大的书,这本书一年的销售量就超过6000万册。《圣经》虽然不是文学作品,但它文笔的独特和优美是举世公认的,许多伟大的文学作品的题材也都来源于《圣经》;它不是哲学书,却是哲学家引用最多、讨论最多的一本书;它不是历史书,但《圣经》中对于犹太历史却有着详细可靠的记

载,远远超过其他民族的古史书;它不是由一人在一时一地写成的,而是经过四十多位不同职业、背景、学识的人,在三大洲,用三种语言历经了1600年才完成的。《圣经》被译成多种语言,拥有全世界最广泛的读者群。从第一卷《创世纪》到最后一卷《启示录》,内容前后连贯,一脉相通,堪称奇迹。

##  影响最大的现代百科全书

《大英百科全书》又叫《不列颠百科全书》,是世界上影响最大的一部百科全书。《大英百科全书》创始于1768年,它的内容囊括了政治、经济、哲学、文学、艺术、社会、语言、宗教、民族、音乐、戏剧、美术、数学、物理、化学、历史、地理、地质、天文、生物、医学、卫生、环保、气象、海洋、新闻、出版、电视、广播、广告、军事、电脑、网络、航空、体育、金融等二百多个学科。1974年出版了第15版,共30卷,收录条目达106207条。共有四千三百多位专家、学者参与了这部书的编写,他们来自一百三十多个国家,都是学术领域的权威人物,其中还包括一百多位诺贝尔奖的获得者。目前,这本书被翻译成法、西、日、

葡、希、中、韩等十多种文本出版。《大英百科全书》作为一部历史悠久、享誉世界的权威性、学术性综合百科全书，被奉为百科中的"楷模"。

## 最早的推理小说家

推理小说因其情节曲折，充满悬念而受到社会各阶层的喜欢，就连伟大的科学家爱因斯坦也曾在《物理学的进化》中提及《福尔摩斯侦探集》，可见推理小说的影响力多么大。《福尔摩斯侦探集》是英国作家柯南道尔的代表作，虽然家喻户晓，但它并不是世界上最早的推理小说。大家公认的美国诗人、作家、新闻记者爱德加·爱伦·坡的推理小说要早于柯南道尔，爱德加·爱伦·坡所著的推理小说中，《黑猫》《莫尔街凶案》等都十分出名。

## 最大的油画——《天堂》

世界上最大的油画是《天堂》，它的作者是意大利文艺复兴时期的重要画家丁托列托。他出生于威尼斯的一个染工家庭，曾经和著名的画家提香一起学画。《天堂》于1509年完成，高10米、宽25米。丁托列托的《天堂》的最上段是12信徒像，中央是基督正在给马利亚授冠；中段是预言者、教父、书记们的像；下段是天国的人群像。《天堂》用远近法进行缩小，画中千姿百态的人物形象令人叹服。在这幅画中，共有七百多个人物。丁托列托极富创造力并善于驾驭构图，

使《天堂》极具表现力，给人以巨大的震撼。《天堂》因篇幅巨大，构思精妙，在世界美术史上有着极为深远的影响。

## 古代规模最大的风俗画

中国古代风俗画《清明上河图》是世界上规模最大的风俗画，它的作者是北宋张择端。《清明上河图》采用长卷的形式描绘了清明时节，北宋京城汴梁以及汴河两岸的繁华景象和自然风光。全图高22.5厘米、长525厘米，共分为3个段落，右段描绘的是市郊风景，中段描绘汴河，左段描绘街心的景象，是当时汴京社会风貌的真实写照。《清明上河图》的内容非常丰富，画中的人物有五百多个，还包括牲畜、车船和房屋等等，其结构严密紧凑且段落分明，以村郊、河道、城市为主，逐渐铺开，很有层次。《清明上河图》具有较高的艺术欣赏价值，由于它真实地反映了宋代的社会生活，因此还具有很高的历史义化价值。现在，《清明上河图》被收藏在北京故宫博物院。

## 现存最大的金属雕像

矗立在美国纽约港口的自由女神雕像是世界上最大的金属雕像。雕像的总高度为93米，内部装有一百多级旋转式扶梯，直至雕像的头顶或火炬的底座，登上去可将纽约风光尽收眼底。美国独立100周年时，法国将自由女神雕像作为礼物送给了美国，作为两国人民长期友谊的象征。自由女神雕像身穿古式长袍，头戴七叉冠，左手抱着刻有美国独立宣言的书板，右手高擎象征自由之光的巨大火炬，脚上残留着被挣断的铁锁。自由女神被设计成高举火炬的女性是有一定历史原因的。原来，1851年时，雕塑家巴托尔蒂目睹了共和主义者在街头进行的反抗路易·波拿巴的战斗，在苍茫暮色中，他看见一位女性高举着火炬跃出街垒，却不幸被政变的士兵开枪打死，那一幕让他终生难忘。于是，他选择了用手持火炬的女性来表现给人类以希望与幸福的自由女神。现在，自由女神像已成为美国的象征。

自由女神像高46米、底座高47米，其全称为"自由女神铜像国家纪念碑"，正式名称为"照耀世界的自由女神"。

## 最古老的大型雕像

世界上最古老的大型雕像非斯芬克斯狮身人面像莫属了。斯芬克斯狮身人面像位于哈夫拉金字塔的南面，距胡夫金字塔约三百五十米。斯芬克斯本是希腊神话中带翅膀的狮身妖怪，在欧洲有很多这种类型的古代雕塑。这尊斯芬克斯像

是由一整块巨型岩石雕制而成的，石像身长约 73 米、高 21 米、脸宽 5 米。据说，这尊斯芬克斯狮身人面像的头像是按照法老哈夫拉的样子雕琢而成，作为守护神永远守护在属于他的哈夫拉金字塔旁。狮身人面像凝视前方，表情肃穆，雄伟壮观。但是经过多年的风化，终于湮没在了黄沙之中，现在我们看到的斯芬克斯狮身人面像是后人从沙土中再次挖掘出来的。

## 最早的大型石刻佛像

位于山西太原西南二十多千米处蒙山南麓的西山大佛，是世界上最早的大型石刻佛像，它凿于北齐天保二年（公元 551 年）。西山大佛高约 64 米，比四川乐山大佛略低，但开凿年代比乐山大佛要早 162 年，距今已有一千四百多年的历史。西山大佛是开化寺的遗物，在历史上隋朝至元朝的 800 年里，开化寺是晋阳地区的皇家佛教活动中心和旅游胜地，地位十分显赫。唐代开国皇帝李渊、唐高宗李治和皇后武则天当年都曾游览此地，并对雄伟高大的石佛及寺院建筑赞叹不已。公元 662 年，唐高宗和武则天来瞻仰童子、开化二寺，并为大佛像披袈裟，当时的场面极为壮观。元朝末年，庄严阁遭到严重破坏，佛像逐渐被残砖破瓦所埋没。后来经过复建工程恢复，

佛像才得以重新开放供游人观赏。

## 佛像最多的地方

位于今山西大同市以西15千米处的云冈石窟,是世界上佛像最多的地方。洞窟群呈东西走向,绵延1千米,共有53个佛洞。洞内佛像很多,最小的只有几厘米高,最大的达17米高,既有组像,也有世界上罕见的从诞生到成佛的释迦牟尼连环佛像。佛像姿态各异,栩栩如生。全窟各洞大大小小的佛像多达5.1万个,不愧为世界上佛像最多的地方。从石窟所保存的纪年铭刻和艺术风格上分析,它们基本上都是北魏的遗物,距今已有一千五百多年的历史。作为我国三大石窟群之一,云冈石窟以气势宏伟、内容丰富、雕刻精细著称于

云冈石窟是我国最大的石窟之一,与敦煌莫高窟、洛阳龙门石窟和麦积山石窟并称为四大石窟艺术宝库。

世，是世界闻名的艺术宝库。

##  最早的动画电影

1928年，世界上第一部有声卡通片《汽船威利号》在美国迪士尼公司诞生，4年后，迪士尼又推出了第一部彩色卡通片《花与树》，但动画大师沃尔特·迪士尼并不满足，他决心拍摄一部完全是动画的电影，终于在1937年推出了根据《格林童话》改编的动画电影《白雪公主》，它是世界上最早的动画电影，也是世界上第一部彩色动画电影。这部动画片长达84分钟，它的制作前后历时4年，共耗资150万美元。影片公映后，获得了空前的成功，成为当时最卖座的电影。

该片获得第 11 届奥斯卡特别金像奖、奥斯卡特别成就奖,1988 年被美国电影协会选为 20 世纪美国百部经典名片之一。

##  跨度最大的拱桥——卢浦大桥

2002 年 10 月 7 日上午 10 时,位于中国上海的卢浦大桥顺利合龙。

卢浦大桥是目前世界上跨度最大的拱桥,该桥拱肋主跨为 550 米,拱肋最高点达到 100 米,比之前世界上跨度第一的美国西弗吉尼亚钢结构拱桥还要长 32 米。为焊接钢结构而用掉的钢材就达 3.5 万吨。

这座桥横跨 550 米,在世界拱桥建造史上独一无二。卢浦大桥主桥的钢结构全部采用现场焊接,完美的流线造型被工人们成功地构筑出来。卢浦大桥在世界桥梁史上堪称奇迹。

##  最大的宫殿——故宫

故宫又称紫禁城,它是明清两代皇帝执政和生活的地方。紫禁城建于明代永乐四年,即 1406 年,完成于 1420 年。紫禁城是世界上规模最大的宫殿,它占地 72 万平方米,有九千余座殿宇(现存八

千六百多间），均为黄琉璃瓦顶，青白石底座，以金碧辉煌的彩画做装饰。整个宫殿采用了对称的手法，由南向北将紫禁城分为外朝和内廷两部分。皇帝处理政务的地方为外朝，太和殿、中和殿和保和殿三大殿是紫禁城外朝的主体建筑。外朝建筑中最宏伟的是太和殿，它是皇帝举行隆重庆典、接受百官朝拜的地方。皇帝、皇后生活起居和处理日常公务的地方为后廷，建有乾清宫、交泰宫和坤宁宫三座大殿和东西六宫。前三殿和后三宫均坐落于全城中轴线上。紫禁城由城墙环绕，墙高 7.9 米，城墙四角均建有一座结构精巧的角楼。城外有宽达 52 米的护城河，它与高大厚实的宫殿一起形成了一道森严的防卫屏障。作为中国规模最大的古建筑群，故宫是中国古代建筑的精品，是古代劳动人民无限的智慧和创造力的体现。

 ## 最大的金字塔

胡夫大金字塔是世界上最大的金字塔，也是世界七大奇迹之一。胡夫大金字塔在 1889 年巴黎埃菲尔铁塔落成前一直是世界上最高的建筑物。

胡夫大金字塔由大约 230 万块石块砌成，外层石块平均每块重 2.5 吨，约有 11.5 万块，最大的石块超过 15 吨。若把这些石块凿成

平均为 $2.83 \times 10^{-2}$ 立方米的小块，然后再把它们沿赤道排开，其长度相当于赤道的 2/3。

距今四千多年前的埃及，生产工具十分落后，埃及人是如何采集、搬运数量如此巨大又如此重的巨石的？至今这仍是个难解的

谜团。

胡夫大金字塔底边原长230米，由于外层石灰石脱落，现在底边减短了3米。塔原高146.5米，经风化腐蚀，现降至137米。塔的底角为50°51′，四边面向东、南、西、北四个方向。整座金字塔建在一块占地约5.29万平方米的凸起的岩石上，体积约260万立方米。

##  保存最完整的古罗马建筑

在建筑方面，古罗马人显示出了卓越的工程技术，但由于历史年代久远，古罗马建筑很少能完整保存下来。意大利罗马古城中心的万神庙是世界上保存最为完整的古罗马建筑，在一千八百多年后的今天，它的铜门和拱门屋顶仍然完好无缺。万神庙原是供奉宇宙中众神的神殿。公元7世纪，拜占廷皇帝将它当做礼物赠给了当时的教皇作为教堂，修建之初的万神庙相当华丽。在万神殿的前廊有16根玫瑰色的花岗石石柱，石柱建筑带有浓厚的希腊色彩，后部的圆形大厅则是典型的罗马建筑。万神庙的大圆顶没有使用任何支撑物，直径却有43米，被誉为建筑史上的奇迹。圆顶上部有一个圆形天窗，是整个建筑唯一的采光口，阳光由此进入万神庙。

万神庙内供奉着众神，这与其他神庙完全不同。

##  第一座钢铁结构的高塔

作为巴黎象征的埃菲尔铁塔是世界上第一座钢铁结构的高塔，它建成于1889年。埃菲尔铁塔采用十分轻巧的交互式结构，靠4条

粗大的带混凝土水泥台基的铁柱支撑着塔身。人们可登塔至30米高的地方远望巴黎全景。铁塔内精心设置了上千盏照明灯，使埃菲尔铁塔每晚灯火通明。铁塔周围的夜景让人流连忘返。1889年5月15日，法国资产阶级革命100周年纪念日那天，巴黎人民为他们引以为荣的、世界上第一座钢铁结构的高塔——埃菲尔铁塔举行了隆重的落成典礼。

坐落在巴黎市中心塞纳河畔的埃菲尔铁塔全部采用钢铁镂空结构，共有1.2万个金属部件，用于连接各部分的铆钉多达250万个。埃菲尔铁塔高327.7米，有100层楼那么高，有电梯从地面通向塔顶，人们也可以沿着1710级阶梯步行登上塔顶。

埃菲尔铁塔是世界建筑史上的一个创举。就建筑高度来说，它是当时世界上最高的建筑。铁塔从1887年开始破土动工，历时26.5个月，共花费了一百多万美元。

人们为纪念铁塔的设计者居斯塔夫·埃菲尔，便把这座铁塔称为埃菲尔铁塔。

##  最大的图书馆

世界上最大的图书馆——美国国会图书馆，始建于1800年。图书馆建立的目的是为国会服务，同时也为政府其他部门、读者和学者

服务。国会图书馆总面积达 34 万平方米，相当于 48 个足球场那么大。从 1870 年开始，根据版权法，凡是美国出版的书籍都必须送两册到国会图书馆。据统计，该馆每分钟就有 10 册图书入馆。目前，馆内收藏有近 1.2 亿种（册）资料，放满的书架就有 500 千米长。从古代的手写稿到现代的光盘，无所不包，语言种类达 470 种。美国国会图书馆还藏有许多珍品，馆内收藏着华盛顿的《第一任总统就职演讲词》、杰弗逊起草的《独立宣言》初稿等珍贵资料。该馆还是国外收藏中文图书最多的图书馆之一，馆内有汉文书籍近 48 万册，满、藏、蒙文书籍一万多册，缩微制品一万多卷。

## 最大的礼堂——人民大会堂

建于 1959 年的北京人民大会堂是世界上最大的礼堂。大会堂坐落在天安门广场西侧，是举行全国人民代表大会的会场，也是国家领导人举行政治和外交活动的场所。大会堂建筑平面呈"山"字形，建筑面积达 17.18 万平方米，比故宫的全部建筑面积还要大。大会堂正面有 12 根浅灰色大理石门柱，每根高 25 米。中央大厅为桃红色大理石地面和汉白玉石柱，顶部挂有水晶玻璃花灯，大方雅致。大厅后面是大会场，可容纳近万人举行会议。北部是拥有 5000 个

席位的宴会厅，装饰富丽堂皇。人大常务委员会办公楼位于人民大会堂的南部。大会堂内33个会议厅以全国各省、市、自治区名称命名，各具地方特色。人民大会堂的屋檐全部用黄绿相间的琉璃瓦镶嵌，庄严宏伟、朴素典雅，兼具民族风格和现代化建筑特色。

## 制造车辆最早的国家

中国早在几千年前就发明了齿轮和圆轮，为车辆制造提供了机械力。

从出土文物中可以判定，车轮曾出现在夏商时期，因为在那时的陶器上已经有了车轮的图案。

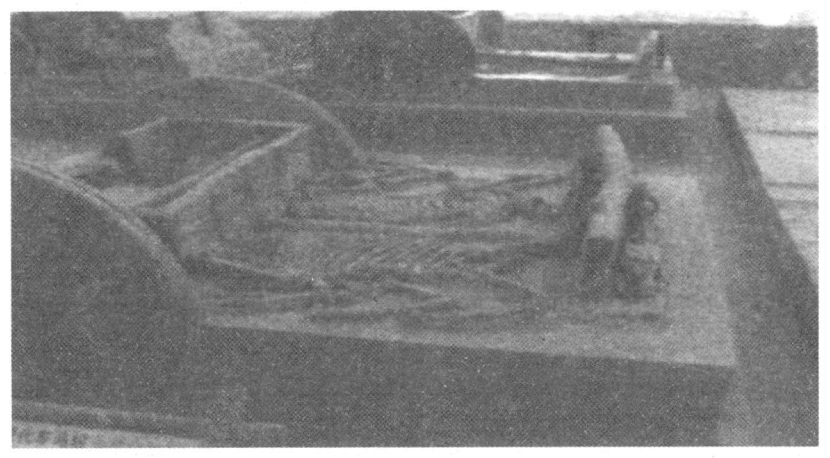

在商代（公元前16世纪—前11世纪），人们已能制造十分高级的两轮车，车轮上有辐条，结构十分精致。到了周朝（公元前1100年—前770年），车已拥有了相当完美的结构。

汉魏时期已经开始盛行独轮车。日本一些人士通过对自行车发展史的研究，认为孔子所发明的独轮车是自行车最早的雏形。

## 最早的摩托车发明者

世界上第一台摩托车是1885年由德国人戈特利伯·戴姆勒发明的。他第一次把发动机安装到代步器械中，使最早的摩托车在他手中诞生。戴姆勒制成的摩托车十分简陋，它的发动机垂直放置于两个轮子的中央，动力由皮带传至中间轴，再由齿轮传到后轮。1885年11月10日，这辆摩托车完成了历史上首次摩托车出行任务，由戴姆勒的儿子保尔驾驶，整个行程共9.5千米。

## 最早火车的发明者

1781 年，瓦特发明了蒸汽机，人们把这种蒸汽机首先应用于矿井的排水泵上。就在这个时候人们也在考虑如何将蒸汽机运用在交通工具上，使它变为动态机械。可是蒸汽机的小型化、气缸的排气、如何使车轮在轨道上不打滑，以及锅炉的通风等问题都没能得到解决，因而当时的蒸汽机无法成为交通工具的机械动力来源。

经过多次的研究，英国人里查·特里维西克终于在 1804 年制造了一台拥有单一气缸和一个大飞轮的蒸汽机车，这台蒸汽机车牵引 5 辆车厢，行驶速度达 8 千米/时，这是在轨道上行驶的最早的机车。因为这种机车以煤炭木材为燃料，人们就把这种在轨道上行驶的机车叫做"火车"了。

## 最早的地铁——伦敦铁道

1863年建成的伦敦铁道是世界最早的地下铁道。这条铁道全长仅有6千米，它从提出建造方案到通过政府的审核，再到修建成功，一共用了20年的时间。在建成通车之后，路旁的房屋没有倒塌，路面平整如初，街上照旧车来车往，伦敦地下铁道的成功运行消除了人们的顾虑，只有路面之下传来的轰鸣声和尖利的汽笛声泄漏了地下的秘密。建成后的地下铁道成为伦敦重要的交通工具，虽然当时使用煤炭和木材工作的蒸汽机车使隧道里烟雾弥漫，但乘客们仍然怀着激动的

心情乘坐蒸汽机车在地下铁道里穿行，地下铁道也随即成为重要的运输系统。伴随着第一部电动车的问世，地下铁道正式成为城市交通运输的主力军。

## 海拔最高的铁路——青藏铁路

世界上海拔最高的铁路是位于我国青藏高原的青藏铁路，它东起青海省省会西宁市，西至西藏自治区首府拉萨市，是横贯"世界屋脊"的第一条铁路干线。青藏铁路现已全线贯通。铁路所经之地，大部分都在海拔3000米左右，其中，最高点在五千多米以上的山上。青藏铁路的工程是分两个阶段进行的。第一个阶段是从西宁到柴达木盆地西南边的格尔木，于1974年动工兴建，在1979年完成了铺轨任务，并分段通行了旅客列车。

在全国人民热烈庆祝中国共产党成立80周年之际，举世瞩目的青藏铁路工程再次开工。2006年7月1日，高原"天路"全线通车。世界上没有哪一条铁路能让人如此震撼和激动。青藏铁路就像

一条举世瞩目的钢铁巨龙蜿蜒前行,它将突破生命的禁区,穿越戈壁高原,飞架裂谷天堑……

## 拥有最短铁路的国家——梵蒂冈

世界上最小的国家——梵蒂冈拥有一条世界上最短的铁路。这条铁路的全长只有 860 米,铁路虽然很短,但管理它的部门的名字却很长,它的正式名称为"梵蒂冈教后委员会行政区货物办事处"。这条

铁路自 1929 年建成以来只运送过一次乘客,而平时只用来运送一些货物。这条铁路也是世界上最安全的铁路,因为自通车以来从未发生过一起人员伤亡事故。

## 最长的海底铁路隧道——青函隧道

从 20 世纪 50 年代起,日本开始修筑一条世界上最长的连接青森与函馆的海底隧道——青函隧道,它的长度远远超过了英、法两国原定计划开拓的英吉利海峡隧道。青函隧道南端为本州北端青森县东津轻郡今别町,沿至北海道函馆上矶郡知内町,中间穿过津轻

地下隧道一般为交通或其他用途,通常用来穿山越岭,因其在地面以下故称地下隧道。

海底。隧道最深的部分在海底 100 米以下,到水面距离为 240 米,全长 53.85 千米,内径为 9.6 米。

青函隧道在掘进作业中使用了一种威力巨大的隧道掘进机,掘进时速为 2 米,一次可掘进直径 4 米的窟窿。青函隧道的建成通车极大地缩短了本州同北海道的距离。

## 最早的国际航线

飞机出现在 19 世纪末期,但把它作为交通工具使用则是 20 世纪初的事。1913 年 11 月 29 日,法国飞行员罗朗·加罗斯驾驶着飞机穿越地中海,从法国飞到非洲,首次实现了国际飞行。从此以后,人们大胆地进行各种尝试来开辟国际航线,从而使更多的人能够乘坐飞机在短时间内作长途旅行。1919 年 2 月 8 日,世界上最早的国际航线终于诞生了。这条航线的起飞点和着陆点分别是法国的巴黎和英国的伦敦。虽然这两个城市之间的距离并不是十分遥远,但作为第一条国际航线,这次航行的成功为飞机的商业化运营作出了重

要贡献。在这之后，飞机逐渐成为人们进行国与国之间、大陆与大陆之间往来的重要交通工具。

##  最大的火车站

世界上最大的火车站是位于美国纽约市的大都会火车站。它是21世纪初由百万富翁威廉姆·范德贝尔德投资，美国两家建筑公司联合承建的。大都会火车站占地1900平方米，分上下两层，上层有41条铁路线，下层有26条铁路线，如此巨大的占地面积和众多铁道线路使大都会火车站成为世界上最大的火车站。

大都会火车站有着新颖的构造格局，拱形的窗户和圆形的吊顶使这座火车站平添了几分浓郁的宫廷气息。大都会火车站的内部非常宽敞，平均每天有五百五十多列火车经过，共计乘坐21万名旅客。

##  古代世界上最大的港口

古代世界上最大的港口是中国宋代的泉州港，它是中国福建东南沿海一颗耀眼的明珠。曾以其繁荣而闻名于世。

泉州位于福建省东南部,是福建三大中心城市之一。

著名的泉州港由泉州城东南隅的泉州湾及其邻近的安海湾、围头湾、深沪湾等组成,泉州港东临大海,港湾曲折,在这里可以停泊巨轮。

泉州早在公元 6 世纪中叶就与马来半岛有船只往来。到了唐代,泉州、广州和扬州等已成为中国对外贸易的中心。自唐代到宋代,随着南宋政治中心南移至临安(今杭州)以及东南沿海经济文化的发展,泉州港因地处东南沿海要道而迅速发展,在宋元时期,泉州港成为世界上最大的港口。当时,泉州港上商贾云集,帆樯林立,世界上有近百个国家和地区通过泉州巷与中国进行通商贸易和友好往来,随处可见操着各种语言的亚非朋友,穿着各种服饰的外国商人、旅行者、传教士等等。目前,许多有关古代中外人民友好往来的文物和遗迹在泉州都得到了完好保存。

明朝以后,泉州港航道逐渐被流沙淤塞,同时由于政治经济状况的变化,泉州港渐渐地失去了其昔日的光彩。

## 最大的浮动码头

2002 年 8 月 26 日,一个浮动码头从西班牙的阿尔赫西拉斯港出发,经过 13 天的海上旅行,到达摩纳哥的古老港口拉孔达米讷,这个浮动码头是世界上最大的海上浮动码头。

摩纳哥地处山岳和地中海之间，拉孔达米讷港是摩纳哥的中心，因设施陈旧，已无法满足现代航运的需求。有了这个浮动码头，拉孔达米讷港就能接待吨位更重的船只，其泊位也增加到700个。这个海上浮动码头由法国和西班牙公司承建，使用寿命可达100年。耗资6600万美元，历时3年才完成。

一个700吨重的金属箍筋将浮动码头与海港连接在一起。完成这一作业共需要10天的时间。这个海上浮动码头重达16万吨，长达350米，是钢筋水泥结构，与巴黎埃菲尔铁塔的规模相当。

## 最早的人工深水航道

作为加拿大安大略省与美国新纽约州的天然边界的圣劳伦斯河，因为河水水流湍急，导致轮船无法运行。为了克服这些天然障碍，18世纪与19世纪时人们曾建造水闸，挖掘运河，并使其与五个大湖——苏必利尔湖、伊利湖、休伦湖、安大略湖、密歇根湖相接。但运河水道浅而窄，不适于大型货轮的使用。1954年，重新治理圣劳伦斯河的两个国际计划开始实施。1959年，这条人造的深水航道终于完成。1959年6月，由美国总统艾森豪威尔与英国女皇伊丽莎白二世揭幕，正式交付使用。这项工程共花费了4.7亿美元。

如今，京杭大运河的客货运输一如往日，依然十分繁忙。

##  最长的人工运河

我国的京杭大运河北起北京，南至杭州，全长1782千米，是世界上最长的人工运河。著名的巴拿马运河和苏伊士运河与京杭运河相比要小得多。此外，京杭运河还是世界三大运河中最古老的运河，京杭大运河的修建共经历了近两千年的时间。建立京杭运河的最初目的，是让城市与城市之间的通行更方便，但随着经济文化的发展，人们越来越认识到水路运输对经济发展以及城市繁荣的重要性。到隋朝的时候，隋炀帝组织了历史上最大的一次开凿工作，正是这次空前绝后的开凿，才有了今天的京杭大运河。在此之后，由于河道淤积等问题，历朝历代又对河道进行了不同规模的翻修清理，时至今日，京杭大运河仍在发挥着重要的作用。

##  最大的水闸式运河——巴拿马运河

位于南美洲巴拿马共和国境内，连接大西洋和太平洋的巴拿马运河是世界上最大的水闸式运河。该运河全长81.3千米，河面最宽处为304米，最窄处只有91米，水深为13.5~26.5米。

由于巴拿马运河连接的两个大洋水位相差太大，运河大部分河

段的水面都高出海平面，为了调整水位差，运河上建造了6座水闸。这样，当船只从太平洋驶入运河时，就可以顺着降低的水面顺利驶入大西洋。在运河通航之后，船只只需用8～15小时就可以通过运河，在太平洋和大西洋中自由地航行。巴拿马运河的修建极大地改善了大西洋和太平洋之间的海洋运输环境，对世界的贸易交流有着积极的促进作用。

## 最早酿酒的国家——中国

中国是世界上最早酿酒的国家。中国的酿酒历史可以追溯到原始社会。远古人在劳动过程中发现，有些发酵的果类和谷物会产生一种浆液，品尝起来味道很甘美。后来，人们不断地实践，逐渐发现了果物发酵的原理，并在此基础上发明了酿酒技术。《战国策》这本书中对我国夏代有关酒的传说进行了记载。商代出土的文物已有了"酒"的象形字。《周礼》一书中对酒的酿造过程各个阶段都作了比较详细的叙述。可见，我国的酿酒

技术在商周时代已经发展到比较成熟的阶段。到了汉代，酿酒的技术有了进一步的提高，酒的品种也不断增多，饮酒的风气十分盛行。今天，酒已经成为人们生活中不可缺少的一种饮品。中国作为酒的发源地，更有着自己独特的酒文化。

## 最大的地毯——黄金时代

据吉尼斯世界纪录记载，世界上最大的地毯于2001年10月22日制成，制造地为土库曼斯坦。

人们把这块世界上最大的地毯命名为"黄金时代"。它的面积为301平方米，四十多名织毯工用了7个半月才制成。在当年的10月23日，这块巨型地毯在该国首都阿什哈巴德展出。

土库曼斯坦在苏联卫国战争期间就已制成一块巨型地毯，面积为199平方米，命名为"土库曼人之心"，直到现在它还悬挂在莫斯科大剧院里。

## 最早的圆珠笔发明者

1938年,世界上第一支圆珠笔,由匈牙利的新闻工作者艾尔斯兹尔·比罗与其兄弟乔治共同研制成功。比罗的设计灵感源于看到报纸墨水干得很快,且墨迹不模糊。这种比较浓稠的墨水无法通过普通钢笔尖流出,因此他产生了圆珠笔的设计灵感,从而革新了钢笔设计。英国皇家空军首先对这一设计进行了开发,因为其飞行员需要一种在高纬度不会漏水的笔。比罗与英国皇家空军的成功合作促使圆珠笔在社会上广泛应用。

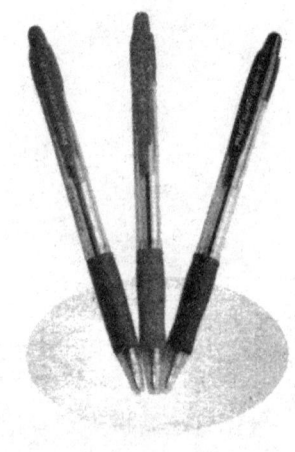

圆珠笔具有结构简单、携带方便、书写润滑等优点,深受人们喜爱。

## 拥有最古老的钟的国家

中国在公元725年发明了世界上最早的机械钟。这种钟能控制钟摆的摆动速度。

英国威尔特郡索尔兹伯里大教堂的钟虽然没有钟面，但它仍是目前依旧在报时的最古老的钟。这座造于约 1386 年或者更早些时候的钟，在 1956 年被修复以前已经报时 498 年，共"嘀嗒"了 5 亿次。

在英国萨默塞特郡韦尔斯大教堂的造于 1335 年的钟是靠重力驱动的，但目前这座钟大部分是经过修复了的。

## 最早的报纸——邸报

世界上最早发行的报纸是中国的邸报。邸报是中国古代宫廷发布消息的政府机关报纸，出现于二千多年前的西汉。当时为了加强中央政府和地方政府的联系，各地方政府就在京城设立了相当于办事处的联络机构，叫做"邸"，邸中的官员被称为"邸吏"，邸吏的主要工作之一就是负责定期发行邸报。邸报的主要内容为皇帝的谕旨、诏书、大臣的奏议等官方文书和京城近来发生的重大事件。写

报纸是指以刊载新闻和新闻评论为主，通常散页印刷不装订，没有封面的纸质出版物。

在竹简上或绢帛上的邸报被信使骑着快马传送到各地官员的手中。到了唐代，邸报不仅已经开始使用纸张，而且采用雕版印刷了。清代则普遍采用活字印刷邸报，因此发行量很大。从西汉到清末，虽然邸报的名称已经变化，有时叫"朝报"或"杂报"，但却一直没有中断过发行，邸报的性质和内容也没有发生多大变动。

## 最早刊登天气预报的报纸

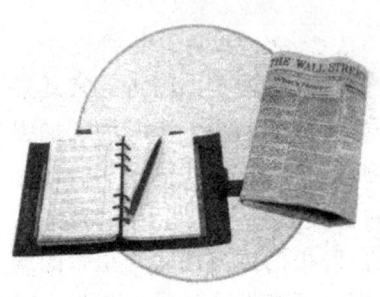

世界上最早刊登天气预报的报纸是英国的《泰晤士报》。1875年4月1日，伦敦的《泰晤士报》刊登了天气预报，报上的几个简短的字，引起了伦敦人的极大兴趣。由于受到当时传播和大气探测技术的限制，早期的天气预报很难做到精确，所以常常使用意思模糊的词语，如"晴有时多云，偶有阵雨"等。而天气预报完全不准确的事情也时常发生，报上预报天气晴朗，却下起了倾盆大雨，所以当时有很多人不相信报纸上的天气预报。但20世纪以后，随着科学技术的发展和气象卫星的运用，通过种种科学手段，人们已经能够比较准确，甚至精确地预报天气了，因此人们对报纸中对天气的预报也越来越依赖。

## 最早发明电灯的人

美国科学家、发明家爱迪生于1879年10月21日发明了世界上第一盏电灯。当电和光被人们普遍认识时，爱迪生却开始研究怎样将两者更好地结合起来。第一个被用来充当白炽灯灯丝的物质，是当时人们所知道的熔点最高的金属——白金。但一方面由于白金灯泡造价太高，一般的人消费不起；另一方面因为白金一旦到了一

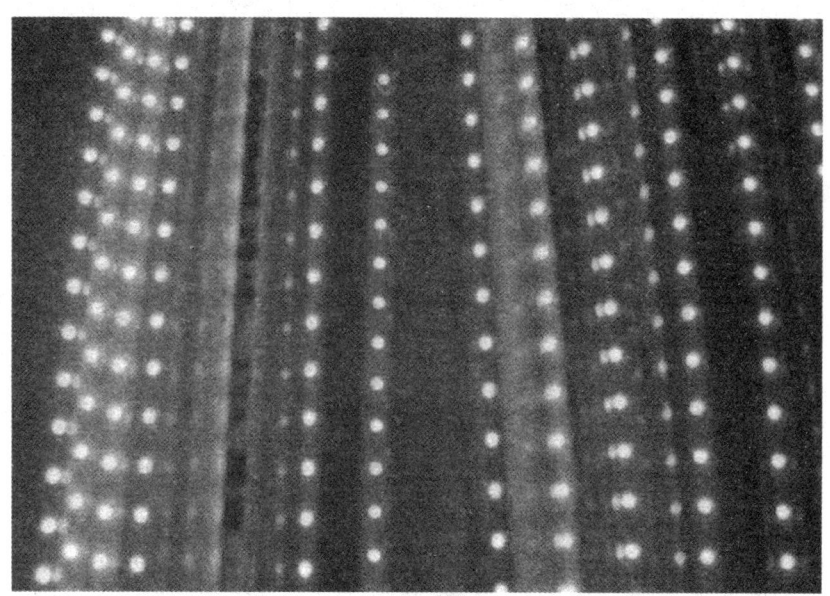

定的温度,其寿命也只有一两个小时,满足不了人们的需要,所以这种灯并没有得到广泛的应用。

1879年10月21日,爱迪生把碳放入灯泡里进行试验。试验结果表明,在当时的条件下,碳比任何其他的金属更适合用来充当灯丝,爱迪生用碳化卡纸延长了电灯的寿命,并且降低了生产成本。世界上第一盏白炽灯就这样诞生了。

## 最早的自动取款机

被安装在英国米德尔赛克斯郡安菲尔德的巴克莱银行的取款机是世界上最早的取款机。它的发明人是约翰·谢泼德拜伦。这台1967年诞生的自动取款机的技术含量比较低,很难完成人们的取款任务,直到发明家德拉鲁对这台取款机进行改进之后,它才开始了正式的工作。当时,这个根据传票系统进行工作的自动取款机最多可以提取28美元货币,虽然最初的自动取款机,从功效和性能上来说都与现在的取款机无法相比,但是它的出现在当时极大地提高了银行的取款效率,为以后更加高级的自动取款机的发明奠定了良好的基础。

## 最北的共和国——芬兰

芬兰是世界"最北的共和国",它位于欧洲北部,有1/4的面积在北极圈内。它东接俄罗斯,南邻芬兰湾,西靠波的尼亚湾,北濒挪威,西北与瑞典相连。芬兰地形东西窄,南北长,地势北高南低,多为丘陵和平原。芬兰有着"千湖之国"的美称,因为在它境内有大大小小近6万个湖泊,芬兰境内最大的湖是西南部的塞马湖。芬兰地处高纬度地区,属于亚寒带大陆性气候,其气候特征是夏季短暂而温暖,冬季漫长而寒冷。

芬兰最重要的自然资源是森林资源,芬兰全国陆地面积的68%被森林覆盖,芬兰的森林资源在世界上排名第二,仅次于加拿大,在欧洲居首位。

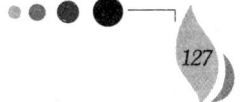

## 最南的城市——乌斯怀亚

世界上最南的城市是南美洲阿根廷火岛地区的行政中心乌斯怀亚，它地处南纬54°49′，位于该岛的南部。这个城市依山傍水，历史较短，常住人口仅8000人左右，这个地区的主要经济来源以鱼类加工和运转本区出产的木材、羊毛等为主。它是通往南极洲的门户，也正是因为拥有这样特殊的地理位置才使它驰名世界。乌斯怀亚距离本国首都布宜诺斯艾利斯大约3200千米，而离南极洲却只有800千米的距离。举例来说，从新西兰、澳大利亚等地乘船前往南极洲，至少需要一周的时间；而由乌斯怀亚起航，穿越德雷克海峡，只需两天时间便可到达。因此，要想前往南极洲探险和考察，乌斯怀亚是一个理想的起航和补给基地。

## 最小的国家——梵蒂冈

位于意大利首都罗马西北一个高岗上的梵蒂冈，是世界上最小的国家，它的国土总面积只有0.44平方千米，人口只有一千多人。梵蒂冈的国家元首就是天主教教皇，他自命为世界天主教会的"上帝在人间的代言人""精神领袖"，梵蒂冈是一个政教合一的特殊形态的国家，且教皇终身任职。梵蒂冈虽小，但它对全世界的天主教

信徒在精神上的影响却十分巨大,在国际事务中也有着广泛作用,它同一百二十多个国家和地区建有正式外交关系。此外,它还在许多国家投资数百亿美元,拥有的动产和不动产数额庞大,是一个不可小视的国际金融托拉斯。

## 平均海拔最高的国家——莱索托

非洲南部的一个小国莱索托,该国山川秀丽,风景独特,被誉为"空中王国"。全国的每寸土地都在海拔1000米以上,是世界上平均海拔最高的国家。该国境内有许多座锯齿形的山峰和一片片绿茵茵的草地,因此也被人们誉为"非洲瑞士"。

莱索托的面积不过 3 万平方千米，人口不到 130 万。由于整个国家都坐落在南非境内，所以在政治、经济、军事等方面都遭受着南非白人种族主义者的歧视和不平等待遇。

## 地势最低的国家——荷兰

荷兰位于欧洲西部，正式国名是尼德兰王国。"尼德兰"是"低地"的意思，荷兰是名副其实的低洼之国，地势非常低平，仅在东部和南部有几座山丘，27% 的国土低于海平面，海拔不到 1 米的地方占国土面积的 1/4，要是没有海堤和河堤的保护，荷兰将有一半以上的土地被北海淹没。荷兰境内河湖众多，西欧的三大河流：莱茵河、马斯河以及斯海尔德河都由荷兰流入大海。13 世纪以来，荷兰人民巧妙地运用土堤、水泵和沟渠系统，对现有土地进行保护，并从北海重新夺回了许多低于海平面的土地。荷兰人通过围海造田，开垦了七千一百多平方千米的土地。荷兰的一半国土都是围海造陆形成的，而拦海大坝则成为荷兰最为重要的景观。

## 高峰最多的国家——尼泊尔

尼泊尔是世界上高峰最多的国家，虽然它的面积不超过14.1万平方千米，却汇集了世界上大部分海拔最高的峰峦。尼泊尔地处喜马拉雅山脉最为雄伟高峻的中段，境内海拔在6100米以上的雪峰有240座，其中有五十余座雪峰海拔在7620米以上。更让人惊奇的是世界上名列前茅的10座超过8000米的高峰，竟有8座耸立在尼泊尔或尼泊尔与中国、印度接壤的边界线上，它们就是世界之巅——8844.43米的珠穆朗玛峰，第三峰——8585米的干城章嘉，第四峰——8501米的洛子，第五峰——8470米的马卡露，第六峰——8172米的道拉吉里，第七峰——8157米的马纳斯卢，第八峰——8153米的卓奥友，第十峰——8090米的安纳布尔纳。

## 最小的岛国——瑙鲁

瑙鲁是世界上最小的岛国，位于太平洋密克罗尼西亚岛群中，在赤道以南53千米的一个珊瑚岛上，面积仅有22平

方千米。全岛略呈椭圆形，珊瑚礁环绕在它的四周。该岛的海岸地带是一片沙滩，呈银白色，由外向内，地面逐渐升高，有一个宽不过300米的环岛地带，非常适宜种植农作物。再往里，就是珊瑚峭壁，高约12～60米，从峭壁的横纹推测，瑙鲁岛至少有上千万年的历史了。峭壁之上是台地，最高点海拔64米，占全岛面积的85%以上。西南部有一个不大的布阿达泻湖。瑙鲁气候终年炎热多雨，但由于珊瑚岛地面渗透性很强，瑙鲁岛仍是一个缺水的国家。

## 桥梁最多的城市——威尼斯

意大利东南部的威尼斯被人们称为"水城"，它是世界上桥梁最多的城市，因此又被称为"桥城"。威尼斯是一个完全建在水上的城市，大约由120个小岛屿组成，117条纵横交错的水道就构成了城市的大小街道，因此桥在这里起着至关重要的作用。威尼斯共有近400座桥，开门见水、出门走桥是这个地方最大的特点。最著名的桥有里亚托石桥、叹息桥、拳头桥和稻草桥。拳头桥是古代城内两族人

威尼斯的夜色有一番别样的风情，水面倒映着静谧的一切，显得那样的安详、柔和。

拳脚相见的地方，今天的稻草桥就是古代拴马的地方。威尼斯最小的桥是叹息桥，长不过 10 米，名气却是最大的。它建于 17 世纪，桥面下有两条专供死刑犯人行走的通道。每个死刑犯人过桥时，只要从桥窗往外一瞥河两岸的景色，就会不由自主地发出一声叹息，该桥也由此而得名。

##  地铁最长的国家——英国

英国是世界上地铁普及率最高的国家，也是地铁最长的国家。英国共有 8 个城市拥有地铁，地铁总长度将近 1000 千米，共设有 458 个车站。英国拥有如此庞大的地铁运营系统，这和它在 19 世纪下半叶飞速发展的经济和英国的城市形态有直接的关系。由于这些客观因素，英国的城市地铁成为英国交通系统的主体路线。现在地

最初伦敦修建地铁的时候，人们对地铁还是满心怀疑的，但如今，伦敦地铁已经是伦敦交通必不可少的重要组成部分。

铁已成为英国人日常出行必不可少的交通工具,通过地铁他们几乎可以到达城市内所有的重要地点。

## 花卉种类最多的国家——中国

中国是世界上花卉种类最多的国家。在欧洲流传着这样一句名言:"没有中国的花卉便不成花园。"云南、贵州、四川和西藏东部、南部地区都盛产鲜花,这些地方被人们称为"高山花园"。中国的花卉种类繁多,数量也位居世界之首。

杜鹃花、报春花和龙胆花是三种世界知名的花卉,全世界约有800种杜鹃花,其中生长在中国的就有六百五十多种;全世界有450多种报春花,有三百九十多种生长在中国;全世界有400种龙胆花,中国占一半以上。由此可以看出中国花卉种类之多,不愧为世界第一。

## 天下第一行书

《兰亭集序》,又题为《临河序》《禊帖》《三月三日兰亭诗序》等。《兰亭集序》文字为王羲之所书,其文字行云流水、一气呵成,誉为"天下第一行书"。

如果你喜欢书法艺术,一定知道"书圣"王羲之和他的《兰亭序》。如果你去浙江绍兴旅游,那里的人一定会推荐你去兰亭,亲眼看看当年大师挥毫之地。

王羲之是我国古代魏晋时期人。这一时期,正是我国书法史上的转折期,王羲之和他的儿子王献之,对我国古代书法艺术的发展起到了承前启后的作用,被后人称为"二王"。

东晋永和九年,王羲之和丞相谢

安、名士孙绰等人,在浙江山阴（今绍兴）的兰亭举行聚会。既然是朋友聚会,当然免不了诗酒助兴。众人坐在水边,谈天说地,饮酒作诗。一整天的时间,都在尽情享乐,畅所欲言,直到天黑还舍不得散去。为了把朋友相聚的情形记录下来,大家推荐王羲之写一篇序。王羲之借助酒兴,拿起毛笔,一挥而就,于是便有了被称为"天下第一行书"的《兰亭序》。

《兰亭序》是一篇集叙事、写景、抒情为一体的优美散文,内容为:"永和九年,岁在癸丑。暮春之初,会于会稽山阴之兰亭,修禊事也。群贤毕至,少长咸集,此地有崇山峻岭,茂林修竹,又有清流激湍,映带左右,引以为流觞曲水。列坐其次。虽无丝竹管弦之盛,一觞一咏,亦足以畅叙幽情。是日也,天朗气清,惠风和畅,仰观宇宙之大,俯察品类之盛,所以游目骋怀,足以极视听之娱,信可乐也……"

《兰亭序》字体潇洒流畅,笔势翩翩,可谓是"前无古人,后无来者"的大作。原文28行,共324字,凡相同的字,写法都各不相同。例如,全篇共有20个"之"字,笔法、结构都各不相同。整个作品龙飞凤舞,气象万千,显示出其深厚的书法功底。王羲之的行书在当时独树一帜,后人评论他的书法时说:"右军字体,古法一变。其雄秀之气,出于天然,故古今以为师法"。

关于《兰亭序》,后世还流传着许多趣闻逸事。

据说唐朝时,王羲之的真迹辗转落入唐太宗手中,唐太宗对王羲之的书法推崇备至,甚至命令侍臣赵模、冯承素等人精心复制了很多摹本和拓本,赐给一些皇族和宠臣,以至当时的文人纷纷临摹《兰亭序》,以示风雅,使得市面上一时间"洛阳纸贵"。此外,还有欧阳询、褚遂良、虞世南等人的临本传世,而原迹,据说已在唐太宗死后作为殉葬品被放入陵墓。

现在人们所见到的《兰亭序》,除了几种唐摹本外,石刻拓本也非常难得,都是研究历代书法的珍贵资料。在中国书法典籍中有关

《兰亭序》的资料更是比比皆是，不胜枚举。

## 最古老的国歌

每个国家都有自己的国歌，它是一个国家民族精神的表达。在重要的集会、社交仪式或者大型的体育比赛中，都要演奏或演唱国歌。不过，世界各国国歌表达的内容各不相同，有反映本民族反抗外来压迫的，有赞颂和平时代的，有描写本国的美丽风光和环境的，也有叙述国家古老历史的。如：

我国的国歌《义勇军进行曲》，原是影片《风云儿女》的主题歌，体现了中华儿女高举刀枪，与敌人英勇斗争的气概。1949年，中国人民政治协商会议通过讨论，把《义勇军进行曲》暂定为国歌。1978年，第五届全国人民代表大会上，确定它为《中华人民共和国国歌》。

法国的国歌原名《莱茵河军团战歌》。1792年，一个叫做"马赛一团"的部队高唱这首战歌进军巴黎，所以人们又叫它《马赛曲》，1795年法国革命政府将其定为国歌。

美国国歌《星条旗永不落》的曲调是《安纳克瑞翁在天宫》。

英国国歌《上帝保佑女王》的歌词来自《圣经》。

但是，这些国歌都很年轻，有一个国家的国歌是世界上最古老

的国歌。

它就是荷兰。荷兰的国歌是《威廉颂》（荷兰语），歌曲大致写于1568年—1572年，翻译成中文为《威廉·凡·那叟》，常常被人们简称为"HerWil helmus"。威廉·凡·那叟是八十年战争期间领导荷兰人民反抗西班牙统治者的国王，这首歌最初是为了纪念他而写的。1815年荷兰建立王国后，将这首曲子作为国歌。

郁金香原产于中东地区，于16世纪传入欧洲。郁金香作为荷兰主要的出口观赏作物，已成为荷兰经济命脉之一，与风车并称为荷兰的象征。

国歌《威廉·凡·那叟》结构独特，共15段。把一段段排列出来，你会发现，那是一首藏头诗。把每一段开头第一个单词的首字母提出来，组在一起，就是Willem-van Nassov——威廉·凡·那叟的全拼。不过，15段歌词实在太长了，所以在正式场合下，人们一般只唱第一段和第六段。而且，这首歌的歌词是用荷兰语写的，因而一般人很难理解它的意思。以至于荷兰的许多小学，不得不专门开设国歌课，教孩子们学习歌词，并把它背下来。

这首歌第一段和第六段的中文翻译为：我威廉·凡·那叟，出身日耳曼的古老血统；我对我的土地的忠贞至死不渝。我乃奥伦治王子，自由而无畏……上帝啊，你是我的盾牌和我的依赖！我的一切听命于你，不要把我遗弃，以使我永远强壮。我是你永远的奴仆，我将驱逐那刺穿了我心脏的暴君。

## 最著名的音乐城市

提起音乐城市，人们一定会第一个想起"音乐之都"维也纳。这是一座拥有一千八百多年历史的古老城市，蓝色的多瑙河从她中间缓缓流过。在城市的西、北、南三面是著名的维也纳森林，林涛起伏，东面则是辽阔的东欧平原，到处郁郁葱葱，满眼绿色。站在维也纳盆地可以看到远处喀尔阡山闪耀的绿色峰尖、犹如绿色毯

子一样的辽阔平原，以及碧波粼粼的河流。

最初在维也纳建立城堡的是公元2世纪时的罗马人，之后它一直作为罗马帝国在欧洲的重地得以发展。1137年维也纳成为奥地利公国的首府，15世纪以后逐渐成为罗马帝国的首都和欧洲的经济、文化中心。18世纪，这里成为欧洲古典音乐"维也纳乐派"的中心，被称为"音乐之都"，闻名世界。

维也纳也是圆舞曲华尔兹的故乡，是欧洲许多著名古典音乐作品的诞生地。提起它，就让我们想到一些人：贝多芬、莫扎特、舒伯特、海顿、约翰·施特劳斯，这些音乐大师都来过维也纳，并在这里度过了人生中最重要的阶段，他们和维也纳相互扶持着，成就了彼此的辉煌。漫步维也纳市区，大街小巷上到处都可以看见一座座造型逼真的音乐家雕像，这座城市的许

多街道、公园、剧院、会议厅等也都是用音乐家的名字命名的。

市区内的环城路是音乐大师雕像最集中的地方。在这条路的城市公园里，竖立着奥地利著名音乐家约翰·施特劳斯的雕像。施特劳斯因创作圆舞曲华尔兹而闻名于世，被誉为"华尔兹之王"。除了对圆舞曲的贡献，施特劳斯还创作了大量描绘维也纳风情的乐曲，如《蓝色多瑙河》《维也纳森林的故事》等。

另一位音乐大师莫扎特的雕像坐落在内环城路皇宫公园的中心。这位才华横溢的音乐家，短暂的生命中有1/3的时间是在维也纳度过的，他的许多著名歌剧，如《魔笛》《费加罗的婚礼》等都是在维也纳创作完成的。

贝多芬的雕像则耸立在内环城路上的一个广场中央，他青年时代来到维也纳，在这里度过了自己的大半生，创作了《英雄交响曲》等名作。

维也纳国家歌剧院是全世界公认的一级歌剧院，是音乐圣殿的象征。1869年5月25日，国家歌剧院首场演出了莫扎特的歌剧《唐璜》，从此揭开了辉煌的序幕。现在，无数世界著名的音乐家，都以能够在这里演出为傲。

## 发行量最大的新闻周刊

报纸、周刊、杂志是帮助我们了解世界的工具，每天，它们都会为人们提供涵盖各个方面的大量信息。目前，世界上发行量最大的新闻周刊是美国的《时代》周刊。它是美国三大时事性周刊之一，也是世界知名的品牌，在全球拥有广泛的读者。

《时代》周刊的创办人是美国人亨利·卢斯和布里顿·哈登。20世纪20年代，亨利·卢斯和布里顿·哈登合伙创办了时代公司，卢斯任发行人，哈登任总编辑。第一期《时代》周刊于1923年3月3日出版，原名《事实》。

《时代》周刊的宗旨是要使处于忙碌中的现代人能够充分了解世界大事，读者对象主要是中产阶级和知识阶层。为此该周刊开辟了多种栏目，并且自创刊以来，几十年都没有作过大的改动，始终保持着它恒定的风格。它的栏目包括《读者来信》《时代旅游》《商务》《社会》《艺术》《电影》《书籍》《音乐》《科技》《人物》《随笔》《美国》《教育》《法律》等等。读者们从来没有注意过在这样众多的领域内发生的事情。许多世界知名的新闻周刊，例如美国的《新闻周刊》《美国新闻与世界报道》、德国的《镜报》等在封面设计、内部新闻的分类上都借鉴了《时代》周刊的方式。在内容上，《时代》周刊强调新闻敏感和写作技巧，用讲故事的手法来报道时事，文章大量使用图片和表格进行说明，加强了人情味，因而深受各阶层人们的喜爱。《时代》周刊成为美国第一份打破报纸、广播对新闻垄断的大众性期刊。

20世纪40年代，《时代》周刊在美国已是家喻户晓，卢斯也因

为《时代》周刊成为举世闻名的"英雄"。80年代初,《时代》周刊成为全世界发行量最大的新闻周刊。如今,它的发行量已经超过500万份,是美国影响最大的新闻周刊,被称为"世界史库"。

《时代》周刊拥有一批精明能干的记者,及庞大的研究人员队伍,覆盖全世界。它每期都有美国国内版、国际版,以及欧洲、亚洲和拉丁美洲版,各版内容基本相同。《时代》周刊占据着巨大的国际市场,成为宣传美国价值体系和生活方式的最好载体。

《时代》周刊的特色品牌是《年度风云人物评选》。自1927年《时代》周刊推出该项评选以来,受到了全球的广泛关注,并得到极大的好评。从此一发不可收拾,成为了真正意义上的品牌。

## 世界上最早的通讯社

通讯社一般分为国际通讯社和国内通讯社,在英文里叫"news-agency",我们可以据此将通讯社简单定义为新闻服务机构,即向其他媒介提供新闻服务的机构。世界上最早的通讯社是1835年在巴黎创办的哈瓦斯通讯社,它同时也是二战前法国最有实力的通讯社。

哈瓦斯社的创始人是法国人路易·哈瓦斯,他原来是一位银行家,后因拿破仑战争破产,在走投无路的情况下,他决定开展经济信息业务。因为当时形势动荡,及时了解欧洲各国的重大新闻,对于经济界人士来说十分重要。路易在巴黎交易所租了一间办公室,订了很多份国外重要报纸,每天早晨将他收到的报纸上的重要新闻和经济信息选译出来,复印多份,提供给

商业界和银行界人士。这项服务在当时颇受欢迎。

1825年,"哈瓦斯办公室"正式挂牌成立,随着业务的扩大,哈瓦斯办公室聚集了一大批翻译人员和发行人员,在欧洲各国都有了自己的信息采集人员,用户范围也从商界和银行界扩大到外交及军事部门。

就在这时,欧洲的新闻事业发生了新的变化。随着经济的发展,城市人口剧增,欧洲报业开始注重满足一般读者的需要,面向平民的廉价报纸应运而生。这些变化使得报纸对新闻信息的需求大幅度增加,各家报纸仅靠自己的信息采编人员已不能满足要求。在这种情况下,哈瓦斯以其独有的商业眼光看到了向报业机构提供新闻信息的可行性。1835年,他收购了另一家供应新闻资料的机构,并于同年10月25日将自己的"哈瓦斯办公室"改名为"哈瓦斯通讯社",这就是世界上第一个通讯社。

通讯社成立后,哈瓦斯逐渐将业务重点转移到为新闻机构提供新闻服务上来。为了及时把新闻传给各媒体,哈瓦斯社不断改进新闻的传递方法,从最初用信鸽传递信息到应用电报,其业务也随之不断扩展。

1886年,日本新闻用达会社成立,这也是亚洲第一家通讯社。1900年成立的阿根廷通讯社是拉丁美洲的第一家通讯社。非洲的第一家通讯社是英国人于1910年在南非创办的,它实际上是路透社在南非的分社。而非洲人自己创办的通讯社直到1941年才在埃塞俄比亚诞生。

第二次世界大战以后,随着新的社会秩序的形成,新闻媒体的格局也发生了很大变化,一大批新兴通讯社如雨后春笋般涌现,成为全球新闻事业的重要组成部分。目前,世界上绝大多数国家和地区都拥有自己的通讯社。

## 最早的农田灌溉系统

农业是早期文明的基础,水利灌溉是农业的基础。面对强大的自然,先人们的刀耕火种何其微弱?但他们却凭着智慧和不屈的意志,引江入田,变洪流为柔水。在我国美丽富饶的成都平原上,巍然矗立着一个已有两千多年历史的完整的水利工程——都江堰,它是我国古代最早、最大的水利工程,也是世界上最早的农田灌溉系统。

都江堰水利工程位于四川省都江堰市西北的岷江上游。岷江自古就是一条泛滥之河,每到雨季时,暴雨倾盆,在广阔的成都平原上到处奔流,泛滥成灾。淹没农田,冲走庄稼,使百姓家破人亡,妻离子散。直到战国初期,蜀国开明王即位,才下令治水。他派人查看地势,摸清水道,带领军队,开山分水,使岷江洪水分流。但这只在一定程度上缓解了水害,并没有治本。

战国末期,秦始皇统一各国,蜀国成了秦国的郡。此时的郡守李冰看到岷江泛滥,百姓深受其害,这才下定决心根治水患。他把治水当成自己治郡的头等大事来抓,在前人治水的基础上,又反复勘察和研究,决定采用"引水以灌田,分洪以减灾"的方针,亲自率领儿子及蜀郡百姓,在岷江上摆开了战场。

耗时十几年,巨大的水利工程终于顺利竣工。都江堰水利工程,由分水导流、溢流排沙、引水口三大

工程组成。它巧妙地利用江心洲布置分水鱼嘴堤，将岷江分为内、外两股。在鱼嘴上游修置了百丈堤，鱼嘴两侧建有金刚堤，还修筑了排水、排沙的平水槽、飞沙堰及护岸的人字堤。鱼嘴以左，内江水流由这些导流和溢流排沙工程控制，并

经宝瓶口流向川西平原。内外江的水量总是随着客观需要，以四六分成的比例自动调节，年复一年，从不错乱。旱期，内江灌区大量需水，则由鱼嘴分流，宝瓶口张开大口，使60%的岷江水流向平原，用于灌溉。雨季到来，江水陡涨，经过鱼嘴水流向右转；宝瓶口把紧关隘，只允许进入有限的流量。这样60%的岷江洪水，就由外江流出，只剩小部分水在内江奔流。

都江堰水利工程从根本上根治了水患，使成都平原千百年来成为"水旱从人，不知饥馑，沃野千里，世号陆海"之地。都江堰经历了两千多年的风雨沧桑，迄今仍发挥着巨大的灌溉作用，灌溉着内江两岸近三十个县市的八百多万亩良田，使四川盆地成为我国著名的"粮仓"，号称"天府之国"。

当地百姓为了纪念李冰父子的功绩，在都江堰附近建造了庙宇，世代供奉他们的塑像。

## 世界上最大的青铜器

青铜器是早期社会的文明象征，我国殷墟中出土的司母戊鼎是目前世界上目前发现的最大的青铜器，司母戊鼎是1939年3月在安阳被一位农民在武官村北地发现的，现存于北京中国历史博物馆。

据考证，司母戊鼎是商朝后期（约公元前16世纪—前11世纪）铸造的。其全高为1.33米，口长1.10米，口宽79厘米。重达832.84千

克。鼎身呈长方形，所以又被称为司母戊大方鼎。口沿上有两个立耳，腹下有4足，鼎身四周以云霄纹刻为底，上浮兽面纹及夔纹。两耳的侧面是双虎吃人的纹刻，这一纹刻后来演变成了二龙戏珠的图案。

司母戊鼎出土时有一耳残缺，为了寻找丢失的鼎耳，并弄清出土司母戊鼎的大墓的情况，1984年，中国社会科学院考古研究所安阳队对出土司母戊鼎的大墓进行了考古发掘。

该墓编号为殷墟M260，位于安阳武官村北地殷王陵东区，处于商代晚期祭祀场西侧。墓室为长方形，曾经多次被盗，里面的木棺已经被盗墓者破坏，随葬品基本上被盗空，因此考古发掘没有发现缺失的那个鼎耳，只发现了一些白陶残片、玉戈、金叶等。根据这些文物的时代特征，考古者确定该墓的年代为商朝后期，即商王武丁后期至其子祖庚、祖甲时期。

司母戊鼎腹部内壁铸有"司母戊"3个铭文，关于这三个字的意思，考古专家们各持己见。一种说法认为，"母戊"是墓主人的庙号，"司"是"祀"的通假字，是祭祀的意思，所以司母戊鼎应该是为了祭祀母戊锻造的。另一种说法则认为，"司"字应该是"后"字。因为商代的文字可以正写，也可以反写。所以，"司"与"后"二字的字形是可以一样的。"后"在这里表示墓主人的身份，即她生前是商王的"后"。这样，鼎名也应该改为"后母戊"鼎。并且，"母戊"并不是商王武丁的母亲，而应该是指商王祖庚或祖甲的母亲。因为从殷墟甲骨文来看，商王祖庚、祖甲的母亲的庙号是"妣戊"。

第二种学说随着安阳殷墟妇好墓的发掘得到了证实。根据考古地层学与类型学的研究，妇好墓属于商王武丁后期至祖庚、祖甲时期。根据殷墟甲骨文的研究，妇好是商王武丁的王妃，庙号为妣辛，而妇好墓中也有后母方鼎出土。其形式、纹刻和铭文的风格都和司母戊鼎一致，这就有力地证明二者是同一时期的器物，所以司母戊鼎的确是商王祖庚或祖甲为了祭祀他的母亲而作的祭器，祭祀后就作为随葬品留在了墓中。

##  世界上最大的艺术宫

坐落在法国巴黎塞纳河畔的卢浮宫是世界上最大的艺术宫。这座举世闻名的艺术博物馆始建于12世纪末，至今已有八百多年的历

史了。最初建造这座宫殿是出于防御目的，后来经过各代君主的不断扩建和修缮，使之逐渐成为一个金碧辉煌的王宫。

从16世纪的弗朗索瓦一世开始，法国各代皇帝都热衷于大规模搜集各种艺术品，充实卢浮宫。之后，法国政府及个人也不停地从世界各地运回艺术文物，放入卢浮宫。现在，卢浮宫博物馆已和英国伦敦大英博物馆、美国纽约大都会博物馆并称为世界三大博物馆，成为法国人民的骄傲。里面收藏的艺术品达40万件，其中包括雕塑、绘画、美术工艺、古代东方、古代埃及和古希腊罗马等7个门类。

1981年，法国政府对这座精美的建筑进行了大规模整修，使之成为专业博物馆。目前，卢浮宫整个建筑群和广场共占地450000平方米，展厅面积大约为138000平方米，收藏了人类古代艺术的精华，有着"人类文明发展的总索引"的美誉。

卢浮宫有三件最重要的艺术品，被称为是镇宫之宝，即《米洛的维纳斯》《蒙娜丽莎》和《萨莫特拉斯的胜利女神》。此外绘画类藏品中还集中了欧洲艺术史上许多著名画家的名作，如拉斐尔的《园丁圣母》、韦罗内塞的《迦拿的婚宴》、提香的《田园合奏》、大卫的《荷拉斯兄弟的宣誓》和《拿破仑加冕式》、安格尔的《大宫女》、席里柯的《美杜萨之筏》、德拉克洛瓦的《自由领导人民》等，堪称美术绘画作品宝库。

## 世界上最早的传记文学

文学作品是人们日常生活的延伸,也是人类文明足迹的记录。传记文学,作为一种带有纪实性质的文学样式更加体现了这点。世界上最早的传记文学是我国的《史记》。

《史记》是我国第一部传记文学名著,由西汉著名文学家司马迁完成。它全面记述了从黄帝到汉武帝太初元年共3000年的政治、经济、文化等历史情况,是我国古代历史的伟大总结,为我们研究那段时间的历史、人物提供了宝贵的史实资料。

《史记》共130篇,52万余字。其中本纪12篇,表10篇,书8篇,世家30篇,列传70篇。"本纪"是全书提纲,按年月记述历代帝王的言行及政绩;"表"是用表格形式对各个历史时期大事的简单记载;"书"是记述制度的发展,涉及礼乐、天文、经济、地理、文化、艺术等各方面内容,与后世的专门科学史近似;"世家"主要叙述王公贵族的历史;"列传"是各种不同阶层,不同行业人物的传记。

司马迁,字子长,西汉时夏阳人,他的父亲是汉武帝的太史令。司马迁从小受父亲影响,熟读史书。从20岁开始游历各地,后来父亲病重,他代替父亲陪同汉武帝到泰山封禅,途中游览了很多地方,也接触到了许多以前没有机会阅读的书籍。这些实践活动极大地丰富了司马迁的历史知识和生活经验,为他以后写作《史记》奠定了坚实的基础。司马迁35岁那年,父亲司马谈病逝,不久,汉武帝下

《史记》的作者,我国伟大的史学家——司马迁。

令由他继任太史令。写出一部真实纪录历史的史书，是司马谈的心愿，去世前，他已经整理了大量的史料。为了完成父亲的遗愿，司马迁决定接手父亲的工作，他用了多年时间搜集资料，遍访祖国各地，利用太史令之便阅读古籍。42岁时，司马迁正式开始《史记》的写作。

汉武帝时，与匈奴作战频繁，汉朝的大将李陵（名将李广之孙）在一次战斗中，被困沙漠，因久等不见援军，无奈之下投降匈奴。汉武帝得知消息后大怒，司马迁仗义执言，为李陵鸣冤，结果得罪汉武帝，被押入天牢处以宫刑。这件事使他身心都受到重大打击。经过这次事件，司马迁完成《史记》的愿望更加强烈。他怀着激愤的心情继续写作，将自己的全部心血都投入《史记》中。司马迁用了10年的时间，才将《史记》一书完成。

《史记》不仅是一部史学巨著，更是一部文学经典，鲁迅先生曾形容它是"史家之绝唱，无韵之离骚"。司马迁为后人留下了一笔宝贵的财富，他和《史记》一起永远镌刻在了华夏的文明史上。